O *Cão do Filósofo*

Raimond Gaita

O Cão do Filósofo

Tradução
Maria Lúcia Daflon

Revisão técnica
Pedro Andrade
Mestre e doutor em Filosofia

Copyright © 2002 *by* Raimond Gaita
Originalmente publicado na Austrália e na Nova Zelândia por
The Text Publishing Company.

Título original: *The Philosopher's Dog*

Capa: Victor Burton

Foto de capa: Oliver Rossi/Corbis/Latinstock

Editoração: DFL

Texto revisado segundo o novo
Acordo Ortográfico da Língua Portuguesa

2011
Impresso no Brasil
Printed in Brazil

CIP-Brasil. Catalogação na fonte
Sindicato Nacional dos Editores de Livros – RJ

R13c	Gaita, Raimond, 1946-
	O cão do filósofo/Raimond Gaita; tradução Maria Lúcia Daflon, revisão técnica Pedro Andrade. – Rio de Janeiro: DIFEL, 2011.
	240p.
	Tradução de: The philosopher's dog
	ISBN 978-85-7432-113-4
	1. Filosofia alemã. 2. Relação homem-animal. 3. Animais. 4. Cão.
	I. Título.
	CDD – 193
11-0801	CDU – 1(43)

Todos os direitos reservados pela:
DIFEL – selo editorial da
EDITORA BERTRAND BRASIL LTDA.
Rua Argentina, 171 – 2º andar – São Cristóvão
20921-380 – Rio de Janeiro – RJ
Tel.: (0xx21) 2585-2070 – Fax: (0xx21) 2585-2087

Não é permitida a reprodução total ou parcial desta obra, por
quaisquer meios, sem a prévia autorização por escrito da Editora.

Atendimento e venda direta ao leitor:
mdireto@record.com.br ou (21) 2585-2002

Para Cora Diamond

"*A* diferença entre seres humanos e animais não deve ser descoberta através de estudos sobre Washoe* ou sobre as atividades de golfinhos. Não será esse tipo de estudo ou etologia ou teoria evolucionária que nos revelará a diferença entre nós e os animais: a diferença, conforme sugeri, é um conceito central para a vida humana e é mais um objeto de contemplação do que de observação (embora isso possa ser mal compreendido; não estou sugerindo que seja uma questão de intuição). Um ponto capaz de gerar confusão aqui diz respeito à nossa incapacidade de distinguir entre 'a diferença entre animais e humanos' e 'as diferenças entre animais e humanos'; o mesmo tipo de confusão ocorre em discussões sobre o relacionamento entre homens e mulheres. Nos dois casos, as pessoas apelam para a evidência científica com o intuito de mostrar que 'a diferença' não é tão profunda como pensamos; mas tudo que essa evidência pode mostrar, ou demonstrar de modo direto, é que as diferenças são menos contundentes do que pensamos. No caso da diferença entre animais e humanos, fica claro que concebemos a ideia dessa diferença, criamos o conceito da diferença, mesmo conhecendo perfeitamente as surpreendentes similaridades óbvias."

Cora Diamond

"*D*eus prosseguiu com a criação do mundo, e levou consigo seu cachorro."

História da criação segundo o povo Kato

---

* Washoe, chimpanzé fêmea nascida na África. Estima-se que tinha 42 anos de idade quando morreu em 2007. Foi o primeiro não humano na história a aprender a linguagem humana. (N. T.)

Sumário

Introdução   11

Amigos e Companheiros   15

Por um Cachorro?   33

O Cão do Filósofo   53

Deitada no Tapete a Olhar o Mar   69

Gypsy Envelheceu   83

A Honra dos Corpos   103

O Mundo do Significado   115

Histórias, Filosofia e Ciência   125

Pobrezinho Ser Vivo   139

Locais Sagrados   163

Arrogância?   183

Criaturidade   195

Seres Humanos e Animais   223

Introdução

Há trinta anos pensei em escrever um livro sobre a natureza, inspirado, principalmente, em minhas experiências nas montanhas. Incluiria uma pequena seção sobre animais. Escrevi, porém, um livro com um único capítulo sobre montanhas e que trata, principalmente, de animais domésticos, embora borboletas, aranhas e abelhas tenham merecido um capítulo relativamente grande. Seres humanos também aparecem aqui e ali. Este livro trata da nossa "criaturidade".

Aquilo que eu pretendia escrever trinta anos atrás teria sido um livro estritamente acadêmico sobre seres humanos em sua relação com a natureza. Quando escrevi *Romulus, My Father*, descobri que gostava de contar histórias sobre animais. *O Cão do Filósofo* é uma mescla de narrativa literária e reflexão filosófica sobre as histórias que conto. É pessoal, não por conter revelações pessoais, nem — assim espero — por ser egocêntrico, mas por tratar quase que exclusivamente de animais que conheci. Em grande parte, escrevi sobre estes animais em um contexto familiar, com meu pai e seu amigo Pantelimon Hora, minha mulher e minhas filhas. Às vezes, as pessoas me perguntam qual é a relação entre a filosofia e a minha vida. *O Cão do Filósofo* provê parte de uma possível resposta.

Alguns leitores ficarão surpresos com o fato de não haver neste livro referências a abrangentes estudos empíricos sobre a capacidade dos animais, especialmente dos animais inteligentes como os golfinhos e os macacos. A ausência de tais referências não é um mero descuido. A forma pessoal deste livro expressa uma parte de sua leve proposta didática, que é mostrar o quanto se pode aprender a respeito de nossas relações com os animais (inclusive da nossa relação moral com eles) através de reflexões filosóficas sobre nossas vidas ao lado de animais domésticos comuns — pássaros, cães e gatos.

Filosofia e narrativa literária requerem, baseado na minha experiência, diferentes aspectos mentais. De um modo geral, a filosofia visa direta e abstratamente a um ponto, passando ligeiro pelo tipo de detalhe que dá vida à história. Parte da filosofia presente em *O Cão do Filósofo* é complicada. Em sua totalidade, filosofa sobre o trabalho, por assim dizer. Não há nada que se compare a uma filosofia popular. Unir filosofia e narrativa literária, sem fazer com que as histórias pareçam longos exemplos tortuosos e sem comprometer a filosofia em prol de uma boa história, foi, de longe, o maior desafio ao escrever este livro. Caberá aos leitores julgar meu sucesso nessa empreitada. Meu conselho ao leitor que achar difícil entender algumas seções filosóficas é que continue a leitura, ainda que lentamente, e retorne ao trecho difícil quando terminar o livro, lembrando-se de que toda filosofia não só se beneficia de várias leituras, como também as demanda.

A atitude de meu pai em relação aos animais me afetou profundamente. Não seria capaz de escrever sobre minha relação com os animais sem recontar algumas histórias de *Romulus, My Father*, embora aqui elas tenham sido contadas de outro modo e ambientadas em um contexto diferente. Espero que os leitores de *Romulus* não se incomodem de ler novamente sobre Jack, a cacatua, e Orloff, o cachorro.

Michael Heyward, meu editor, sugeriu que eu escrevesse este livro. Não fosse sua confiança, há muito eu o teria abandonado. Em *Romulus, My Father*, conto como meu pai tinha capacidade de observar uma peça de aço, riscar com seu polegar uma linha em sua superfície e cortá-la com precisão milimétrica. Quando Michael lê uma página do meu texto, ele parece ter um dom como este.

Amigos e Companheiros

A mancha branca sobre o céu azul mudava de forma à medida que subia e descia. Frequentemente no inverno, a relva também era branca, espessada pela geada persistente até as dez ou onze da manhã. Durante o verão, ela crescia, amarelava e era especialmente bonita nos fins de tarde, quando o vento juntava-se ao sol para transformar os campos em ondas de grama dourada com a ponta prateada. A emoção de vê-lo naquela paisagem, contra o céu, imprimiu em minha mente uma imagem tão viva agora como era há mais de quarenta anos. Ele era Jack, a nossa cacatua, que me seguia até a escola, voando de vez em quando e pousando em seguida sobre o guidão da minha bicicleta, antes de alçar voo novamente.

Jack era mais do meu pai do que meu. De fato, não sei ao certo se posso dizer que era meu. Morávamos juntos sob as condições que ele ditava, indiferente às minhas necessidades de possuí-lo, e eu lhe dedicava meu afeto ou o reprimia de acordo com suas solicitações. No entanto, ele me proporcionava grande alegria, especialmente quando me acompanhava até a escola. Ao pousar sobre o guidão da bicicleta, sentia que éramos amigos. Ousaria mesmo dizer que éramos camaradas. Mas, de volta à casa, na tarde de um mesmo dia em que ele me acompanhara até a escola, se eu tentasse acariciar sua crista, ele podia me bicar ou não, ao sabor de sua vontade.

Jack era extremamente leal a uma pessoa, e essa pessoa era meu pai, exceto na ocasião em que esteve hospitalizado e seu amigo Pantelimon Hora veio ficar comigo em Frogmore, nossa granja perto de Baringhup, no centro de Victoria. Ao longo daqueles meses, Jack transferiu sua lealdade para Hora e não para mim, que havia morado com ele durante tantos anos. "Ei, liu liu", Hora costumava dizer a Jack, às vezes para cumprimentá-lo, às vezes como se estivesse perguntando, "E aí, como vão as coisas?" O afeto que meu pai e Hora sentiam por Jack — o interesse que tinham nele e em seu caráter, e o modo como o conheciam intimamente — se aprofundava e era, por outro lado, aprofundado pela amizade que tinham. Mais de trinta anos depois da última vez em que avistaram Jack, eles ainda se cumprimentavam da mesma maneira. "Ei, liu liu", dizia um. "Ei, liu liu", respondia o outro.

Hora se encantava com Jack e frequentemente o observava com afeto, às vezes rindo de seus modos cômicos, outras vezes maravilhando-se com sua ingenuidade. Jack logo passou a sentir-se à vontade na parte da casa ocupada por Hora durante o tempo que ficou conosco, embora jamais tenha se tornado tão íntimo dele como era de meu pai, nunca tão disponível para seu animal de estimação. Do mesmo modo, suponho, ele jamais acreditou plenamente que Hora lhe desse alimento com a qualidade de que se achava merecedor. Sempre que Hora fazia espaguete (o que acontecia praticamente dia sim, dia não), Jack esperava pacientemente até que o macarrão estivesse cozido, para então demonstrar que gostaria de um bocado. Hora sempre o servia em uma tigela separada. Jack provava de sua porção e, em seguida, pedia a Hora um pouco da dele. Somente depois de se convencer de que o espaguete de Hora não era melhor do que o seu, ele voltava para comer em seu prato.

Além do espaguete, Jack também apreciava pão umedecido com chá ou café. Sempre que preparávamos uma xícara de um ou de outro, Jack descia de sua porta até a altura da mesa para pedir sua porção. Ele gostava de várias coisas que comíamos. Quando preparávamos algo que ainda não havia provado, Jack costumava dar bicadelas delicadas, virava a cabeça de lado, tentando entender o que fazer, provava de novo e, depois de repetir isso algumas vezes, geralmente comia. Convencido de que não lhe faria mal, ele relaxava, tomado pela excitação de ter feito algo novo e ter sido levado pelo prazer que a novidade ia proporcionar. Com esta e outras pequenas atitudes, Jack passou a compartilhar nosso mundo.

Meu pai ficou no hospital por quase três meses. Quando voltou, Jack mal pôde conter-se. Taramelava, eriçava a crista e permitia que meu pai o acariciasse em qualquer parte do corpo, virando-se para um lado e para o outro, depois de barriga para cima, e tudo isso por horas a fio. Nos dois dias que se seguiram, sempre que Hora tentava acariciá-lo, ele eriçava a crista agressivamente e chegou até a bicá-lo uma ou duas vezes. Jack simplificava suas emoções, vencendo sem dificuldade conflitos que o acometessem sempre que sua fidelidade era reivindicada por duas pessoas. Eu, que amava profundamente aqueles dois homens, por algum tempo fui presa das dores das relações ambivalentes.

Raramente tratamos as aves com a ternura dedicada aos gatos e cachorros, mesmo quando temos com elas uma relação moral mais complexa — como fazemos com aves de rapina, por exemplo, que treinamos, para não dizer domesticamos. Acostumados a ver aves em gaiolas, nosso contato físico com elas é geralmente limitado. Às vezes as acariciamos quando vêm se empoleirar em nossos braços ou ombros, mas não as acomodamos em nossos braços. Aves erguem-se rijas sobre suas pernas, seus corpos não são flexíveis, seus contornos não se adaptam aos nossos. Assim parece ser, embora a realidade seja outra bem diferente.

Jack voava livremente e podia explorar toda a casa. Dormia sobre a porta da cozinha, transformada em sua morada após ter roído parte da madeira e da parede adjacente. Quase toda manhã, ele descia de sua porta e corria para o quarto em que eu e meu pai dormíamos. O som de suas garras e bico, alternadamente arranhando a porta da cozinha à medida que ele descia, e de sua cabeça tentando abrir a porta do quarto, empurrando-a, fugindo quando ela se fechava sobre ele, geralmente nos despertavam. Mas se meu pai continuasse dormindo, ou se fingisse estar dormindo, Jack empoleirava-se na cabeceira e lá permanecia até ele abrir os olhos. Enfiava-se, então, embaixo das cobertas, levantando a cabeça ocasionalmente para beijar meu pai.

Como é o beijo de uma cacatua? Assim. Ela coloca a parte superior do bico sobre os nossos lábios e, mordiscando gentilmente, desce até o lábio inferior, o tempo todo fazendo "tsc, tsc, tsc". Assim, pelo menos, eram os beijos que Jack dava em meu pai, com ternura irreparável. Meu pai o acariciava embaixo das asas e sob o bico, no peito e na barriga. Às vezes, colocava as mãos em concha em volta da cabeça de Jack e retribuía seus beijos. O mesmo som — tsc, tsc, tsc — ouvia-se sob as cobertas, acompanhado de um chalreio ocasional, às vezes por prazer, outras por leves e repentinas dores devido a meu pai tê-lo machucado inadvertidamente. Nunca, portanto, ouviam-se gritos de medo ou mesmo de ansiedade, jamais algo que sugerisse que a confiança que Jack depositava em meu pai pudesse, de alguma forma, ser medida.

Meu pai trabalhava na ferraria de uma fazenda vizinha, cerca de meio quilômetro de nossa casa. Jack frequentemente o acompanhava. Por vezes, fazia-lhe companhia, enterrando o bico em pequenos montes de parafusos ou lascas de ferro, colocando um pouco de um lado, um pouco de outro, como se os estivesse separando. Quando se cansava, punha-se a explorar o espaço, procurando alguma bobagem para fazer. Nunca teve dificuldades para encontrar, mas, quando destruiu todas as bugigangas de plástico presas à antena de televisão de nosso vizinho, meu pai foi obrigado a cortar-lhe as asas, sob a ameaça de vê-lo morto a tiros. Irreprimível, Jack caminhava de casa até a loja do ferreiro. Mesmo com as asas cortadas, podia voar um pouco, embora somente em círculos, e, com o passar do tempo, conseguiu ganhar altura suficiente para atingir a antena. Assim, para mantê-lo longe de problemas, meu pai amarrou-lhe uma corrente ao pé e a ela fixou uma sandália velha. Se Jack se esforçasse bastante, seria capaz de arrastar corrente e peso pelo chão, mas ele deve ter percebido que não ganharia nada com isso que realmente valesse o trabalho. Em grande parte do tempo, passeava no raio de cinco ou seis metros que a corrente lhe permitia, sem que qualquer esforço fosse feito. Meu pai e eu conversávamos muito com Jack. Geralmente fazíamos perguntas. "Então você voltou, não é?" "Gostaria de vir conosco buscar a vaca?" "Por que não deixa o cachorro em paz?" "Por que você faz esses buracos na porta?" Em resposta, ele sempre nos olhava intrigado, embora tudo isso pudesse ser apenas a minha imaginação. Não havia qualquer dúvida, no entanto, de que Jack era uma ave bastante inteligente. Vez por outra, nós o pegávamos tentando assobiar um fraseado que havia escutado no rádio. Assobiava parte da música, esquecia o resto e gritava, eriçando sua crista e dançando frustrado sobre a cerca do galinheiro. Quando se acalmava, conseguia seguir um pouco adiante até esquecer novamente. Fazia isso às vezes, mas se detinha quando percebia que o estávamos observando. Quando achava que ninguém estava olhando, praticava as músicas que havia escutado. Raramente usávamos com ele a língua da chalreada, e ele raramente a usava para se comunicar conosco. Falava muito, mas para si mesmo.

Apesar de tão próximo de nós, parecia ter a proximidade condicional de uma criatura que dedica apenas parte de seu tempo a seus interesses mundanos. A emoção de vê-lo voar alto no céu azul-escuro sobre uma paisagem deserta era somente um pouco da expressão do lugar misterioso que as aves têm em nossas vidas. Por outro lado, nas alturas do céu, completamente livre em seu voo, ele nos parecia alheio, uma espécie de ser bem diferente daquele que somos, invejável, um ser que nos agracia a vida com a doação gratuita de sua amizade. Mas, por outro lado, ele era minha cacatua de estimação que dormia sobre a porta da cozinha, escalava a cama de meu pai e agora me seguia até a escola e logo pousaria novamente no guidão da minha bicicleta por alguns minutos, convidando-me mais uma vez a viver a ilusão de que ele se tornaria tão próximo de mim quanto era de meu pai.

Quando mudamos de Frogmore para a vizinha Maryborough, meu pai abandonou Jack. Não podia permitir que ele corresse a cidade em liberdade, pois era inconsequentemente destrutivo. Também não podia suportar mantê-lo em uma gaiola. As penas de suas asas haviam crescido, e a sandália e a corrente jamais tinham sido vistas como um método permanente para mantê-lo em terra. Jack costumava sumir por dias, às vezes semanas, ao lado de bandos de cacatuas migrantes, e esperávamos que ele fizesse isso novamente tão logo percebesse que não retornaríamos. Meu pai ficava desolado e atormentado pela culpa sempre que pensava em Jack aguardando inutilmente a nossa volta.

Mais de um mês se passou antes que meu pai voltasse a Frogmore para ver o que havia acontecido com Jack. Ele temia que Jack ainda estivesse na casa, em seu poleiro acima da cerca, e então ele amoleceria e o levaria para Maryborough, onde o manteria em uma gaiola, contrariando sua decisão, ou ainda que Jack se entusiasmasse com a visita, somente para depois ter de encarar de novo o desespero de esperar por alguém que nunca chegaria. Jack não estava lá. Nunca mais o vimos.

Antes de Jack e ainda mais íntimo do que ele, Orloff, o cachorro, foi meu primeiro amigo animal. Era uma cruza de galgo negro, mais alto e mais robusto do que os galgos em geral. Nós o herdamos das pessoas que moravam em Frogmore antes de nós. Se um dia eu soube sua idade, hoje já não lembro, mas a força de seu corpo musculoso e a velocidade com a qual ele perseguia os coelhos, quase os alcançando, me davam a certeza de que ainda era bem jovem. Se deparasse com uma cerca quando estava perseguindo coelhos, inclinava o corpo para um lado, de modo a conseguir passar entre dois fios de arame sem diminuir perceptivelmente a velocidade.

Minha infância foi difícil. Quando ainda era bem pequeno, minha mãe abandonou meu pai diversas vezes. Embora me amasse profundamente e eu jamais tenha duvidado de seu amor, meu pai não era do tipo afetuoso; então, voltei-me para Orloff, em busca de calor e conforto. Provavelmente faria o mesmo se meu pai fosse diferente, pois penso haver maneiras de um cão chegar mais próximo do que um homem para satisfazer o desejo insatisfeito de uma criança pelo toque feminino.

Durante algum tempo da nossa vida no campo, meu pai trabalhava no turno da noite e eu ficava sozinho em nossa velha casa de fazenda. A quilômetros da cidade mais próxima e a dez minutos a pé de qualquer vizinho, a casa não tinha luz elétrica e estalava ameaçadoramente com o vento. Para conseguir enfrentar o medo, convidava Orloff para a minha cama. Sentia-me grato com sua presença reconfortante, embora desapontado por ele não expressar qualquer interesse pelas histórias que eu ouvia no rádio antes de dormir.

Anos mais tarde, já adulto, fiquei maravilhado ao descobrir que alguns aborígenes medem o frio da noite pelo número de cães que precisam reunir para se aquecer. Em uma noite muito fria são necessários três, talvez quatro até. Recordando minha necessidade de ter Orloff por perto, surpreendeu-me o desprezo pelos aborígenes por parte da pessoa que me contou essa história. Pela mesma razão, o desdém expresso no velho ditado "aquele que dorme com cães deve se acostumar com as pulgas" parece-me estranho, assim como o nojo que certas pessoas sentem só em pensar na hipótese de ter um cachorro na cama. Costumam dizer que permitir aos cães subirem nas camas os deseduca, mas as coisas não são necessariamente assim. Há outras maneiras de disciplinar um cão, de fazer com que refreie seus desejos em lugar de se deixar levar por impulsos. A ideia de que, se relaxar na disciplina em uma área, você a irá erodir em toda parte, merece as mesmas qualificações, creio eu, em sua aplicação, tanto no caso de cachorros como no caso de seres humanos.

Quando eu ia para a escola, a seis quilômetros de distância, Orloff, muitas vezes, me acompanhava em parte do caminho, e, quando eu voltava, lá estava ele onde o havia deixado, à mesma distância de casa. De um modo geral, eu ia para a escola de bicicleta, embora ocasionalmente um fazendeiro da região me desse carona. Quando caminhava do entroncamento da estrada até a trilha que levava à minha casa, Orloff pulava com tanta euforia para me cumprimentar que chegava mesmo a me derrubar. Deitado na grama alta com ele sobre meu peito, as pernas escarranchadas, lambendo-me e emitindo sons afetuosos, balançava a cauda tão forte que todo seu corpo ia junto. Sentia como se ele fosse meu amigo mais íntimo e mais fiel, e eu o amava.

Creio que somente uma criança pode depositar tanta confiança na fidelidade de um cão. Mas eu não confiava em Orloff apenas porque, como criança, acreditava em algumas coisas sobre ele que não eram verdadeiras. Não achava que ele era uma pessoa e, até onde me lembro, não lhe atribuía capacidades que não tinha.

Nem tampouco achava que ele era uma máquina ou um feixe de reflexos condicionados. Eu era apenas uma criança sofrida com as histórias da família, assustada com a perspectiva do pior e, às vezes, com as coisas ao meu redor. O nível das minhas necessidades e a resposta inteligente e fiel de Orloff geravam tal intensidade em meu relacionamento com ele que mal podia ser captada pela ideia de mero companheirismo.

Aqueles que encontram o companheirismo necessário em animais, especialmente em cães, às vezes dizem que estes são melhores que os humanos. A misantropia geralmente expressa nessas observações é sempre infeliz. Quando disse isso na infância, senti como se Orloff fosse meu melhor amigo. Eu não pensava em desprezar meus amigos da escola. Mas eles não podiam satisfazer, como fazia Orloff, a minha necessidade profunda de conforto físico, proteção e segurança. Não me recordo de ter atribuído a ele falsos poderes, mas realmente acreditava que ele me protegeria se eu estivesse em perigo. Para algumas crianças, essa confiança é uma dimensão importante de sua relação com seus cães e frequentemente faz bem aos meninos e aos cães. Essas crianças precisam de cães razoavelmente grandes.

De todo modo, fui eu quem deu a ele provas de infidelidade. Fascinado com o chimpanzé de Tarzan, escrevi ao zoológico de Melbourne para perguntar se eles poderiam me ceder ou me vender algum. Para minha surpresa, e mais ainda de Hora — que tomava conta de mim na ocasião —, o zoológico respondeu rápida e educadamente. "Caro Senhor Gaita", dizia, elevando minhas esperanças de que meu pedido teria sido aceito. Lamentavelmente, a carta prosseguiu para me informar que era contra a política do zoológico doar ou vender chimpanzés ou qualquer outro tipo de macacos a crianças, mas talvez eu pudesse considerar a ideia de ter um gato ou um cachorro ou algum tipo de pássaro. Incrédulo de que qualquer um pudesse pensar que tais animais comuns fossem capazes de satisfazer alguém que havia sonhado com um chimpanzé, joguei a carta fora; contudo, mesmo tendo feito isso, senti-me culpado em relação a Orloff por meus desejos traiçoeiros. Não, porém, em relação a Jack, que andou dando trabalho a mim e a todos, com exceção de meu pai. Ele me havia bicado, instigava os gatos mordendo-lhes as orelhas sempre que estavam tomando leite e passara a aterrissar sobre as costas de Orloff, mordendo-lhe as orelhas sempre que queria que ele se movesse ou simplesmente por prazer malicioso. Um macaco, pensei, daria a ele o que merecia.

Orloff desenvolveu o hábito de correr pelos campos, a muitos quilômetros de nossa casa. Um dia, um fazendeiro disse a meu pai que um cachorro andava molestando as ovelhas e que ele suspeitava de Orloff. Desesperados, torcemos para que não fosse ele, pois sabíamos as consequências. Em nossas mentes, porém, achávamos provável que fosse ele, e uma sensação de mau agouro nos assombrou a vida. Um mês mais tarde, Orloff voltou para casa com um tiro de rifle em seu flanco. A bala atingiu-lhe a parte baixa do abdômen — que, em sua constituição de galgo, era mais baixa e mais fina, atravessando para o outro lado. Meu pai cuidou de seus ferimentos com um remédio que tinha para tratar qualquer coisa externa ou que pudesse infeccionar: álcool metilado, lanolina e teia de aranha.

Certa manhã, semanas mais tarde, encontramos Orloff morto cerca de vinte metros de casa. Ele sangrava pela boca, pois haviam dado a ele carne misturada com cacos de vidro. Ele estava caído próximo à cerca que separava a casa e o quintal dos campos.

Embora eu diga quintal, não fazíamos nada que justificasse o nome doméstico. Uma pilha de uns dez metros de diâmetro com garrafas e latas de comida enferrujadas ficava em uma das pontas, mas isso era só mais uma característica que marcava a diferença entre o que havia de um lado e de outro da cerca. Meu pai passou Orloff por cima da cerca com tanto carinho que não precisei de uma palavra sua para saber que ele havia feito aquilo para que Orloff pudesse ser enterrado na casa em que sempre havia morado.

Enquanto meu pai cavava a sepultura, acomodava o corpo de Orloff e o enterrava, eu lembrava nossa amizade e pensava em quanto devia ter sido doloroso para ele vir para casa com as entranhas destroçadas pelos cacos pontudos. A cerca se apresentou como o obstáculo intransponível. Choramos por ele. Foi a primeira vez que vi meu pai chorar e a única vez em que choramos juntos. Durante algumas semanas, eu sentia como se a dor em meu peito fosse capaz de fazê-lo explodir.

Às vezes, pessoas simples e bondosas têm uma afinidade natural com os animais. Quando eu era criança, conheci um homem assim, alguém que me parecia ser totalmente ingênuo, gentil e carinhoso. O nome dele era Vacek Vilkovikas. Assim como meu pai, ele havia chegado à Austrália no início dos anos 1950, em um programa de imigração assistida que o condicionava a trabalhar por dois anos para pagar as despesas. Nós o conhecemos em um campo de trabalhadores imigrantes no centro de Victoria, para onde ele havia sido mandado, assim como meu pai, com o objetivo de construir um reservatório. Logo após terminar o trabalho, Vacek enlouqueceu e foi morar entre dois matacães vizinhos a uma pequena montanha, cerca de quinze quilômetros do lugar onde eu e meu pai vivíamos. Para se proteger do frio, da chuva e do sol, ele cobria os matacães com qualquer coisa que encontrasse, e lá passou a morar, satisfeito, acho eu, por algum tempo. Sua moradia rústica dava para uma das mais belas vistas da região, as vizinhas montanhas e, além delas, os Pireneus azuis. No verão, o lado da montanha onde Vacek morava cobria-se de uma grama alta e dourada. Espalhadas entre rochedos e matacães, alguns com seis metros de altura, havia enormes cáctus com flores de um amarelo intenso, valiosos prenúncios de magníficos frutos de um roxo azulado. Juntos, os antigos matacães arredondados e os cáctus — principalmente após seus frutos terem sido abertos por pássaros — davam à área uma aparência pré-histórica. Vacek vivia nesta paisagem como se dela fosse um amigo.

Era um homem frugal, havia economizado um bom dinheiro com o qual comprara uma grande bicicleta motorizada Sunbeam, com pneus do tamanho de pneus de um carro pequeno, e um rifle com mira telescópica com o qual caçava coelhos. O restante do dinheiro ele depositara no banco de Maldon, a dois ou três quilômetros de distância, e sacava em pequenas quantidades ocasionalmente, para comprar qualquer coisinha de que precisasse. Perto dos matacães onde dormia, ele construiu um pequeno abrigo de zinco (não sei por que não dormia ali) e nele guardava diversas concocções que havia preparado, algumas curtidas em sua própria urina. Visivelmente insano, ele costumava falar sozinho, embora jamais com explosões guturais agressivas que caracterizam algumas formas de insanidade. Falava docemente consigo mesmo, do mesmo modo como falava com os outros, às vezes de forma quase inaudível, franzindo as sobrancelhas sempre que se fazia uma pergunta, ou esticando o braço com a palma da mão voltada para cima, para expressar desamparo ou resignação.

A ingenuidade de Vacek era aparente em tudo que fazia. Era aparente em sua loucura gentil e na sua relação com os animais, em sua tranquilidade inabalável ao lidar com eles, que, por estranho que pareça, expressava uma sensação de igualdade entre eles. De tempos em tempos, vinha passar uns dias conosco, uma semana, pelo menos. Em uma dessas ocasiões, trouxe salsichas para o jantar. Enquanto preparava sua refeição, deixou as salsichas sobre a mesa e foi fazer outra coisa, em outra parte da casa. Quando voltou, as salsichas haviam desaparecido. Orloff foi considerado um suspeito incontestável. Vacek o chamou para o interrogatório. Será que ele havia comido as salsichas? A pergunta era desnecessária, porque a expressão de Orloff era exatamente a de um cão culpado. Vacek disse a Orloff o quanto estava desapontado. Disse a ele que nem em sonho achava que ele poderia ter traído tão miseravelmente a sua confiança. Implorou para que jamais fizesse aquilo novamente. Mais tarde, quando Vacek contou o episódio a Hora, jurou que Orloff havia prometido que não o faria mais.

Muitas dessas histórias que conto neste livro são de relações em que seres humanos precisam de animais para fazer-lhes companhia e confortar-lhes a alma. Devido aos modos pelos quais a necessidade pode distorcer e envenenar as relações, tendemos a suspeitar dela. Tentarmos nos livrar da necessidade para prevenir essas distorções ou, mais desesperadamente, para buscar um ideal de autossuficiência seria desastroso, embora possamos ser bem-sucedidos. A necessidade que sentimos — frequentemente incomensurável — de outros seres humanos é, em parte, o que nos condiciona ou nos dá a sensação de sua preciosidade. A mesma coisa acontece em nossas relações com os animais. A destrutividade da necessidade é a dimensão negativa de seu poder para gerar as mais altas formas de relacionamento com eles.

Um dos homens mais sábios que conheci disse-me que todos precisamos de alguém que chore por nós quando morrermos. Um humilde reconhecimento de nossas necessidades é a nossa maior proteção contra a condescendência imbecil em relação a homens e animais. Nosso reconhecimento da necessidade pode nos permitir ver as coisas de modo mais real. Aquele que andou se escondendo da necessidade dos outros, que não deseja nem sofre por ninguém, não é uma pessoa que se posicione de modo a ver as coisas claramente. E a pessoa que diz não precisar de animais não está, caso seja condescendente com aqueles que precisam, mais bem posicionada para entender as reais possibilidades nas relações entre seres humanos e animais. Meu pai, um homem que sentia falta de companhia e tinha um enorme prazer em se misturar na multidão, encontrou em sua vida solitária, em nossa solitária casa de fazenda, o companheirismo de Jack, a cacatua. Por causa dessa necessidade, desenvolveu um relacionamento do tipo jamais visto entre um homem e uma ave. Minha amizade com Orloff, meu sentimento infantil de que ele era o meu amigo mais fiel, constituía, em parte, uma função da minha necessidade.

Os animais são capazes de corresponder às nossas necessidades com uma ternura surpreendente. Zac era o cachorro de minhas filhas, Katie e Eva, e da mãe delas, Margaret. Assim como Orloff, ele não era, acho eu, muito inteligente, mas também como Orloff, ele era bom. Foi, de fato, o melhor cão que já conheci.

Do mesmo modo como a inteligência é supervalorizada em seres humanos, ela não é a mais importante das qualidades caninas.

Cruza de kelpie e labrador, com o pelo preto, Zac era, como declararam Katie e Eva na primeira vez que o viram, e-*zac*-ta-mente o que elas queriam. Antes do esperado, ele passou a ser também exatamente o que elas — especialmente Eva — precisavam. Sentada nos degraus da porta dos fundos de casa, Eva lhe confidenciava suas dores durante um difícil e angustiante período na escola. Tão logo percebia que ela estava perturbada, ele pulava sobre suas pernas, colocava as patas sobre seus ombros e lambia suas lágrimas. Os cínicos dirão que ele estava interessado no sal, mas não é verdade. Ele não saltava sobre suas pernas em resposta ao seu sofrimento, esperando que ela chorasse. Também não mudava a expressão quando as lágrimas desciam. O modo como ele lambia-lhe as lágrimas era uma parte de sua evidente dor diante do sofrimento dela e uma parte da ternura de seus gestos, pelo jeito como colocava as patas sobre seus ombros e pelos sons suaves que emitia.

Se alguém levantava a voz dentro de casa (não necessariamente por raiva), Zac se postava entre as pessoas com um olhar protetor sobre aquele que julgava estar sendo atacado, ou repressor e reprovador sobre a pessoa que ele julgava ser o agressor. Apenas imperfeitamente familiarizado com os modos humanos, ele não era capaz de saber a diferença entre ódio e, digamos, excitação, e situações cômicas, às vezes, se davam quando ele corria para se meter entre as pessoas. Sua inteligência era, de tempos em tempos, posta em dúvida, mas a sua bondade, jamais.

Quando jovem, a potência de seus saltos podia deixar uma pessoa sem ar. Em seus últimos anos de vida, ele se abateu rapidamente quando se instalou nele um problema cardíaco. Sua aparência deplorável ao andar era reforçada por uma coxeadura em uma das patas. Sua deterioração me fazia lembrar o declínio de meu pai, também devido a uma doença cardíaca. Ambos foram muito fortes quando jovens. "Dá para acreditar no que aconteceu comigo?", dizia meu pai, olhando para as mãos que não mais podiam erguer uma ferramenta. Zac não dizia isso e nem podia pensar. Entretanto, o páthos de sua condição era parte de sua história, uma história que unia seus anos de juventude e seu declínio.

Com a ajuda de medicamentos, Zac viveu o bastante para ver Eva terminar os exames finais na escola. Enquanto ela estudava, ele se deitava em seu quarto e, às vezes, dormia em sua cama. Ele a confortou no início de sua vida escolar e também no final. Margaret e as meninas espalharam suas cinzas no pátio de uma escola próxima, onde elas frequentemente o levavam para passear.

Entre seres humanos a amizade é constituída de padrões que a diferenciam de suas cópias falsas e também do companheirismo. A amizade, dizia Aristóteles, não pode existir entre adultos e crianças, pois só pode ser verdadeira entre iguais e entre aqueles que têm a sabedoria e a vontade de atender suas demandas. Ele riria da ideia de que pode haver amizade entre humanos e animais.

O contraste entre a realidade de uma emoção, ou de uma virtude, e sua falsificação é fundamental para a caracterização da vida humana. Onde estaríamos sem o amor, sem a devoção, a lealdade, a bravura e a amizade, por exemplo? Um ser humano impossibilitado de refletir, talvez devido a graves danos cerebrais, sobre a distinção entre o amor real e a paixão, ou entre a verdadeira lealdade e a servidão, seria impedido de sentir amor e lealdade ou qualquer das virtudes capazes de promover o caráter ou as emoções capazes de promover uma vida interior rica. Seria, portanto, apenas antropomorfismo atribuir esses sentimentos e virtudes a animais?

Escrevi como se não fosse, embora eu realmente acredite que os animais sobre os quais escrevi tinham capacidade de reflexão. Lentamente, e até certo ponto circularmente, tentarei explicar por quê.

Por um Cachorro?

Uma semana antes do acidente com Gypsy, uma senhora idosa morreu na rua Acland, em St. Kilda, após ter sido atropelada por um motociclista quando começava a atravessar a rua. Yael, minha mulher, e eu a vimos caída, com sangue escorrendo dos ouvidos. Yael e um outro pedestre correram até a clínica em frente ao lugar onde a mulher estava deitada e chamaram um médico, que a atendeu, repousando sua cabeça sobre uma almofada, afrouxando-lhe as roupas e examinando-a dentro das limitações impostas pela situação, até que chegasse a ambulância. Mas ele pouco pôde fazer. Três dias depois ela morria no hospital.

Somente duas ou três pessoas pararam para oferecer socorro à senhora. Um número não muito maior parou apenas para olhar a mulher. Gostaria de poder dizer que as pessoas desviavam deliberadamente do corpo deitado na rua, angustiadas talvez pela visão estarrecedora ou pela possibilidade de se verem emocionalmente envolvidas além de sua capacidade de lidar com a situação. Mas não posso. Parecia não haver muito interesse pelo destino daquela mulher, para que eu pudesse fazer tal afirmação com confiança.

Gypsy é a nossa pastora alemã. À época, tinha dois anos de idade. Uma semana após a morte daquela senhora, estávamos eu e ela na calçada da mesma rua Acland esperando por Yael, que fazia compras no supermercado. Mais de vinte minutos haviam se passado, e Gypsy mostrava-se ansiosa. Avistamos, ao mesmo tempo, Yael a trinta metros de distância. Distraído, soltei a correia e Gypsy correu. Alheia em sua excitação às pessoas que caminhavam na calçada, ela se enroscou nas pernas de um homem corpulento e bêbado. Assisti a tudo como se estivesse acontecendo em câmera lenta. Incapaz de entender o que estava ocorrendo, o bêbado caiu para trás com braços e pernas abertos, como se estivesse despencando das alturas. Bêbado demais para que seus reflexos pudessem fazer algo por ele ou por Gypsy, o homem não rolou para o lado na tentativa de desviar da coisa viva que ele deveria ter percebido minimamente sob seu corpo. Caiu sobre Gypsy e então girou o corpo para se levantar, tropeçando de modo a quase bater com a cabeça numa vitrine.

Gypsy deitou-se de lado sobre a calçada, uivando em agonia. Era um som terrível, arrancado de suas profundezas — quase agudo demais para ser chamado de uivo, muito forte e involuntário para ser um gemido ou um guincho. Yael correu em nossa direção tão rápido quanto lhe permitia o peso das compras que carregava nas mãos, com os olhos arregalados e as sobrancelhas arqueadas e franzidas pela aflição. "Deus, o que houve aqui?" Embora fosse uma pergunta, de fato era mais um lamento. A fatalidade deu-lhe a certeza do pior.

Temo parecer fútil, mas vou dizer assim mesmo, pois tenho certeza de que será parte importante do que virá a seguir. Gypsy era uma cadela de beleza incomum. Mal podíamos andar vinte metros com ela, sem que alguém comentasse sua bela aparência — frequentemente garotas falando a seus namorados. Gypsy tinha o porte de um pastor puro, uma linda pelagem — preta com um castanho que se fundia em vários matizes de vermelho — e uma cara excepcionalmente bonita, alerta, com sobrancelhas que a faziam parecer melancólica quando sua feição estava em repouso. Yael também era bonita. As duas, Gypsy deitada na calçada e Yael ajoelhada ao seu lado, uma uivando e a outra lamentando-se do fundo de sua alma judia, formavam um espetáculo agridoce que se mostrou irresistível a muitos transeuntes. Em poucos minutos, atraiu uma multidão de umas vinte ou trinta pessoas.

Em primeiro plano estavam duas mulheres judias de meia-idade. Mostravam-se solidárias naquele momento de comoção. "Oh! Pobre cachorro", entoavam. Foram solidárias não só com Gypsy. Embora não o expressassem verbalmente, eu podia ler o pensamento delas em seus rostos enquanto olhavam Yael: "Como isso pode ter acontecido com tão adorável jovem judia?"

O pobre bêbado desculpou-se miserável e repetidamente. Já estava sóbrio o bastante para saber que, se a balbúrdia à sua volta era um sinal, havia sido ele a causa de algo terrível. Suas desculpas, porém, em nada impressionaram as duas mulheres. Quando perceberam que o motivo de todo o problema estava bêbado, endureceram seus corações. A visão, o cheiro e o som de gentios alcoolizados, envolvidos em pogroms assassinos, estavam entranhados profundamente na psique judaica. O desprezo faiscava tão violentamente de seus olhos que temi pela segurança daquele homem. Ele deve ter sentido o mesmo, pois saiu de esguelha assim que a atenção das duas mulheres voltou-se novamente para Gypsy e Yael.

Dois motoristas pararam em seguida para perguntar se poderiam nos levar a um veterinário. Aceitamos a primeira oferta. Gypsy precisava de um raio x, disse o veterinário, mas antes teria de ser anestesiada. Todo o procedimento custaria setenta dólares. Muito para um cachorro, pensei enquanto voltávamos para casa, a fim de esperar os resultados previstos para dali a uma hora ou mais. Agora que o drama arrefecera, estávamos desnorteados. Nossa atenção voltava-se inteiramente para Gypsy, mas nos assombrava a lembrança da mulher atropelada uma semana antes, praticamente negligenciada, agonizando deitada no asfalto.

A pata de Gypsy não estava quebrada, mas nosso alívio teve vida breve. Tínhamos motivos para desejar que ela estivesse quebrada, disse-nos o veterinário, pois curar a lesão se mostraria mais complicado e ainda mais caro. A cirurgia seria difícil e delicada. Ele nos recomendou levá-la à faculdade de veterinária da Universidade de Melbourne em Werribee, com especialização e instalações melhores do que as que podia oferecer. Gypsy mostrou-se visivelmente ansiosa quando Yael e eu a levamos a Melbourne, como se tomada por uma sensação de mau agouro gerada por sua própria ansiedade.

Em Werribee, o cirurgião implantou um pino na pata de Gypsy e nos disse que o prognóstico era bom. Quando fomos buscá-la depois da cirurgia, esperávamos que ela nos saudasse com alegria evidente. Em vez disso, ela mal nos reconheceu quando, caminhando trôpega em nossa direção, saiu do canil onde havia estado convalescendo, cabisbaixa e com o rabo entre as pernas. Tinha a "cúpula de um abajur" presa no pescoço para impedir que mastigasse o gesso em sua pata; causava-nos pena, totalmente destituída de sua confiança juvenil. Seu abatimento, no entanto, durou apenas um ou dois dias. A atenção constante, tanto de minha parte como da parte de Yael e das crianças, a reanimou. No terceiro dia, livre do abajur, ela mordeu o gesso todo. No quarto dia, estava de volta a Werribee para uma segunda cirurgia, pois havia machucado a pata novamente.

Alarmado com a possibilidade de que isso viesse a se repetir indefinidamente, eu pensava no que fazer, caso os veterinários tivessem de amputar-lhe a pata. Será que deveríamos sacrificá-la? As crianças ficaram horrorizadas com a ideia. Ficasse assim decidido, não seríamos capazes de levá-la a cabo, não tenho dúvidas, mas envergonha-me admitir que cheguei a pensar a respeito. Criado por meu pai, eu deveria saber disso melhor do que ninguém, pois aprendera com ele a estar sempre atento à facilidade com a qual julgamos que animais devem estar "sujeitos à inconveniência de sua miséria". Ele havia mantido vivo seu cão Russy por mais de um ano, após o veterinário ter sugerido que o animal fosse eutanasiado. Seus vizinhos apoiavam o veterinário. Ainda assim, não havia evidências de que Russy sentisse dores ou de que fosse infeliz. Estava inválido, e claramente era um cão com uma sobrevida significativa, mas viver no seio de uma família com pessoas dedicadas a cuidar dele também não fazia parte de sua vida "natural". A ideia compartilhada entre os vizinhos de que sacrificá-lo seria um ato de misericórdia parecia ter mais relação com o que os seres humanos estão preparados para fazer pelos animais do que propriamente com o estado do cão. Se meu pai não estivesse preparado para alimentá-lo, levá-lo para a cama e mantê-lo aquecido na cozinha, então sua vida seria miserável. Mas ele fazia todas essas coisas.

Somente um ano mais tarde, quando eu estava na Virginia com a filósofa Cora Diamond, foi que percebi plenamente como havia sido vergonhoso ter pensado em dar cabo de Gypsy. Mouse, seu enorme pastor de Beauce, amargara uma lesão que lhe paralisara as patas traseiras. Com o impulso das patas dianteiras, ele era capaz de movimentar-se sem grandes dificuldades, preso a um carrinho que Cora havia feito especialmente para ele. Quando Mouse precisava sair, Cora gentilmente levantava seus quartos traseiros e o fazia caminhar sobre as patas dianteiras em um ângulo semelhante ao de um carrinho de mão. Ninguém poderia afirmar que Mouse estaria melhor, se estivesse morto.

Quando tudo aconteceu, eu estava trabalhando em Londres e vinha a Melbourne durante o período de férias na universidade. Era impossível manter duas casas, pagar passagens aéreas e mandar as crianças para a escola particular com meu salário de acadêmico e com o salário de Yael como professora. O pai de Yael tinha uma banca no Mercado de Victoria, onde vendia pulôveres e camisas no inverno, e camisetas e shorts no verão. Ele era construtor, mas mantinha a banca para sustentar-se em tempos difíceis e também porque gostava da vitalidade do convívio com pessoas desconhecidas. Sabendo de nossas dificuldades, ele fingiu estar cansado de trabalhar no mercado e disse que não via a hora de se aposentar. A verdade era que ele queria que nos beneficiássemos com a renda extra que conseguiríamos assumindo a banca. Tão logo aceitamos, ele encontrou uma outra, em um local pior na ponta do mercado, onde, acredito, perdeu mais do que ganhou.

Yael e eu trabalhávamos no mercado nos fins de semana. Quando eu estava em Londres, Yael ia sozinha. Chegávamos entre cinco e seis da manhã, para estarmos prontos para abrir às oito, no máximo. Depois de tudo arrumado, ficávamos ávidos por um café da manhã. Poucas coisas se comparavam ao prazer de comer umas porcarias no café da manhã — para nós, geralmente eram ovos com bacon e uma xícara de café —, depois de arrumar a banca em uma manhã fria de inverno. O trabalho não era muito difícil, mas se estendia por infindáveis horas, das cinco da manhã às cinco da tarde, e ficar de pé, com o vento frio penetrando os ossos, pode ser desmoralizante se não se consegue vender nem o suficiente para cobrir os custos.

A essa altura, os custos das cirurgias de Gypsy, somados a outros gastos do tratamento veterinário, já passavam de dois mil dólares. Com o lucro de dois ou três dólares por camisa vendida aqui e acolá, tentávamos, desconsolados, estimar quantas camisas precisaríamos vender para pagar a conta da veterinária. Havíamos decidido trabalhar no mercado para pagar a escola das crianças e reformar a casa. Em lugar disso, estávamos trabalhando para o cachorro. Até onde poderíamos ir, perguntava-me, antes de dizer, "Chega! Dessa vez ela terá de ser sacrificada". Mesmo sem me dar conta, eu já sabia que qualquer decisão minha seria contrária ao que Yael e as crianças achariam aceitável, e eu teria de enfrentar suas lágrimas. Lembrei-me, então, de um senhor inglês cujo pastor alemão havia desaparecido. Ele, o cachorro e sua família ficaram conhecidos em todo o país quando ele anunciou na televisão que, depois de gastar milhares de libras em uma campanha nacional, havia decidido vender a própria casa e levantar fundos para nova campanha e para elevar o valor da recompensa pela devolução do animal. A mim parecia, e ainda parece, que ele havia estabelecido equivocadamente para um cachorro o valor que normalmente se estabelece para um ser humano. Para pagar o tratamento médico de minhas filhas, eu venderia tudo e trabalharia até a morte, se fosse preciso. Mas, por um cachorro?

Um cachorro em oposição a quê? A um gato? A um robô? Muitas pessoas preferem gatos a qualquer outro animal, mas se elas responderem à minha pergunta dizendo, "Por um cachorro não, mas por um gato, sim", eu só poderia achar isso uma piada. Chimpanzés e golfinhos são reconhecidamente animais que estão acima de gatos e cachorros na escala moral, mas acho que poucos diriam, "Não por um cachorro ou um gato, mas por um chimpanzé ou um golfinho, sim". Ou, se o fizessem, diriam isso de forma polêmica contra a sensatez da pergunta. É verdade que, se estivéssemos vendendo camisas para cuidar de peixinhos dourados, alguém diria, "Se fosse por um cachorro ou por um gato, eu entenderia. Mas, por um peixe?" Ratos e gerbos também não devem merecer muito mais. Dentro do contexto em que formulei a pergunta, qualquer um a entenderia como "Por um animal?" O que, por sua vez, se traduziria em "Você não estaria tratando seu cachorro como um ser humano?" Ao que alguém poderia acrescentar, "Seres humanos também são animais".

Esta seria uma resposta polêmica, capaz gerar controvérsias e nos levar a perder o cerne da questão em meio a tantos detalhes. Ela tem a forma de um lembrete, mas certamente ninguém esqueceu que seres humanos também são animais, criaturas de carne e osso, que nossos filhos crescem no útero de suas mães e são amamentados por elas. Nosso entendimento sobre os fatos definitivos da condição humana — a sexualidade, a vulnerabilidade ao azar, a mortalidade — é determinado cada vez mais por nossa condição de criaturidade. Como outros seres vivos, morremos em vez de enguiçarmos. Das cinzas às cinzas, do pó ao pó, em lugar da ferrugem ou da reciclagem, assim é o nosso fim.

De um modo geral, quando as pessoas dizem que seres humanos também são animais, elas estão querendo mostrar que a referência à espécie de uma criatura não pode em si ser uma boa razão para tratá-la de uma maneira ou de outra. Se é absurdo achar que deveríamos nos sacrificar mais por Gypsy do que pelos nossos filhos, elas dizem que não é pelo fato de ela ser uma cadela, e nossos filhos, seres humanos. O motivo deve estar em outras diferenças objetivas entre os dois, diferenças que consideramos moralmente fundamentais. São muitas as diferenças entre humanos e cães que justificam tratamentos diferentes e, sem dúvida, essas diferenças são uma função da classificação de suas espécies, mas é para essas diferenças, elas insistem, que as pessoas devem apelar na hora de justificar tratamentos diferentes para um e outro, e não para a classificação das espécies. Apelar para o fato de que Gypsy é um cachorro, para justificar seu sacrifício, gera a culpa do "especicismo", do mesmo modo como acontece a culpa do racismo quando alguém apela para a raça ou cor da pele, ou do sexismo, quando se apela meramente para as diferenças de gênero. Seja o que for — animal, máquina, anjo ou alienígena —, se algo tiver características e capacidades consideradas moralmente relevantes no tratamento dado a seres humanos, então esse algo deverá ser tratado como um ser humano, com as mesmas características ou capacidades.

Daí decorre um argumento muito importante, que apela fortemente para a nossa necessidade de consistência.

Se observarmos e refletirmos atentamente sobre a maneira como tratamos os animais, seria compreensível concluir que nosso comportamento em relação a eles é de uma inconsistência absurda. A filha de um fazendeiro sente enorme ternura por seu carneirinho de estimação e, ao mesmo tempo, come outros carneirinhos sem hesitar; mas isso é somente uma manifestação dramática da contradição de que amamos nossos animais de estimação ao mesmo tempo que comemos animadamente outros animais iguais a eles. Enterramos nossos bichinhos, mas passamos sobre animais mortos na estrada sem o menor estremecimento. Seria possível escrever páginas e páginas relatando inconsistências desse tipo. Atitudes semelhantes certamente caracterizam nossa maneira de lidar com outros seres humanos — são as deformações morais da parcialidade, como alguns costumam chamar. Geralmente, no entanto, quando nos confrontamos com a parcialidade, mostramos membros da família, ou compatriotas, respondemos, pelo menos até certo grau, à necessidade de que nossa obrigação com eles não devem entrar em conflito com as obrigações em relação a estranhos ou pessoas com as quais não temos qualquer vínculo. Embora esse vínculo possa ser essencialmente local, reconhecemos, pelo menos, algumas obrigações que são, ao mesmo tempo, expressivas e constitutivas de nosso senso de humanidade para com todos os povos da terra — obrigações que estão cada vez mais evidentes em concepções de direitos humanos e direito internacional, por exemplo. Isso pouco muda nossa relação com os animais. Há pouca pressão para que expliquemos como é possível gostar tanto

— às vezes de forma extravagante — de um bicho de estimação e, por outro lado, desprezar outros animais.

Tosca, uma linda gata malhada, vivia na casa que compramos em St. Kilda. Ela nunca havia sido totalmente domesticada, e, mesmo antes de levarmos Gypsy para lá, raramente a convencíamos a entrar na casa. Ocasionalmente, porém, ela permitia que a acarinhássemos, principalmente Yael e Eva. De vez em quando, ela pedia um agrado. Nessas ocasiões, entrava na casa e saía quando se dava por satisfeita. No verão, quando Yael ia tomar sol, ela pulava sobre suas pernas, ronronando, a princípio cautelosa, mas logo entregando-se tanto quanto seu instinto de gato de rua permitisse. Desconhecíamos sua idade; talvez meia-idade, imaginávamos, estimada com base em sua teimosia e inclinação para agir como madame. Quando Gypsy chegou, filhote de nove semanas, incentivei a amizade entre as duas, mas meus esforços se mostraram inúteis. Tão logo percebeu a presença de Tosca, Gypsy fez de tudo para se livrar do meu domínio, e a indisfarçável intensidade de seu olhar deixou bem clara sua intenção.

Tão logo Gypsy chegou, ficou claro que ela era assassina. Muitos cães perseguem gatos, mas alguns são tão determinados que não deixam dúvida de que os matarão, caso consigam alcançá-los. Gypsy era assassina de muitas coisas. Reluto em admitir isso porque alguns leitores não familiarizados com animais podem não entender e se posicionar contra ela. De fato, à exceção de quando era filhote e corria em volta das crianças e seus amigos mordiscando-lhes os calcanhares, ela era normalmente gentil com as pessoas — uma verdadeira dama, como Yael gostava de dizer sempre que Gypsy comia em sua mão, mexendo a boca de modo a garantir que seus dentes não a machucariam.

Desde o início mostrara-se carinhosa, embora um tanto afetada, como a maioria dos cães pastores, compreendendo a afeição bem a seu modo. Até atingir a meia-idade, não lucrou muito com isso, embora já gostasse de estar sempre por perto. A maior parte do tempo dentro de casa, e dormia em nosso quarto. Dizem que cães de grande porte precisam de espaço. Gypsy precisava de espaço para correr, e para isso tinha o parque e a praia, mas na maior parte do tempo, quando estávamos em casa, ela nos fazia companhia, e, quando estávamos fora, dormia dentro de casa. Viveria feliz em um apartamento pequeno, desde que a levássemos regularmente para passear e se exercitar.

Logo após completar um ano de vida, ela passou a se portar definitivamente como cão de guarda. Latia assustadoramente tão logo ouvia o clique do trinco do portão da frente, embora somente quando estávamos em casa. "Esse cachorro não vale o que come", disse algumas vezes o pai de Yael, pois Gypsy não latia quando ele entrava na casa e estávamos fora. Não sabíamos se isso devia-se ao fato de ela conhecer seus passos ou se ela protegia apenas as pessoas, sem se preocupar com a propriedade. Embora gostasse de Gypsy e fosse socialista, o pai de Yael não deu o menor crédito à segunda suposição. De qualquer modo, sempre que me ausentava à noite — e apenas nesse horário —, ela latia para qualquer coisa que se movesse, percebendo que Yael e as filhas Dahlia e Michelle precisavam de sua proteção. Apesar de os latidos perturbarem-lhes o sono, Gypsy lhes passava o conforto da segurança. Quando eu voltava, latia apenas quando ouvia o trinco do portão e percebia que havia alguém na frente ou nos fundos da casa. Cadela em todos os sentidos, e com um quê de princesa, mesmo depois de idosa, sua atitude para a proteção de Yael e das meninas fez emergir o que tinha de melhor. De linhagem nobre, ela não decepcionou e se tornou uma cadela educada.

Sempre que colocava os olhos em Tosca, no entanto, ela parecia totalmente selvagem, e Tosca dava pouca importância ao fato, chegando a ser inconsequente. Quando Gypsy estava dentro de casa, Tosca costumava provocá-la, deixando-se totalmente à mostra deitada sobre o peitoril, do lado de fora da janela e com evidente prazer em ver o cão se agitar, sabendo-se protegida pelo vidro. E era um prazer presunçoso. Mas um gato de meia-idade, mesmo um gato de rua tão esperto quanto Tosca, não poderia agir assim para sempre com uma pastora jovem e esperta, e com instinto assassino.

Todos achávamos que, um dia, Gypsy mataria Tosca, mas ninguém imaginava que fosse tentar com a perna engessada e com o "abajur" no pescoço. Eva presenciou tudo. Gypsy a encurralou contra a cerca de onde caíra ao tentar escapar. Quando cheguei para saber por que Eva gritava, Gypsy já tinha Tosca entre os dentes e a jogava de um lado para o outro, tentando quebrar sua coluna. Eva, então com nove anos, correu para salvar Tosca, mas a gata lhe deu um profundo arranhão e ela recuou. Mesmo assim, sua intervenção bastou para que Gypsy soltasse Tosca, deixando-a escapar. Yael segurou Gypsy e a controlou.

Tosca se arrastou com dificuldade até os fundos da casa, onde se deitou com sangue escorrendo pela boca. Seu tórax parecia destruído. Seus olhos estavam esbugalhados, mas pareciam não enxergar. Pensei apenas em encurtar seu sofrimento o mais rápido possível e fui buscar uma pá que ficava no quintal. Um golpe rápido e certeiro, e ela morreria. Enquanto a procurava, Yael me chamou para acudir Eva, parada na porta dos fundos com o braço sangrando, chorando por causa dos ferimentos e do choque. Minutos depois, quando voltei para procurar a pá, Tosca não estava mais lá. Foi embora para morrer, pensei. Gatos costumam fazer isso.

Mais ou menos uma semana depois, Yael pensou ter ouvido o miado de Tosca, mas não disse nada, achando que podia não ser verdade. Mais uns dias e ela novamente pensou tê-la ouvido, e desta vez me contou. "É impossível que Tosca tenha sobrevivido a todos aqueles ferimentos", disse a ela.

Em três semanas, Tosca estava de volta. Ou quase. Yael ouviu os miados novamente e, acreditando que podia ser ela, foi encontrá-la sob um arbusto ao lado da casa. Era pele e osso, e, devido aos danos causados pelos dentes de Gypsy, suas costas ainda estavam feridas, fazendo com que seus quartos traseiros balançassem em direção oposta à sua dianteira, e seu miado parecesse estrangulado e rouco. Concluímos que ela havia se abrigado no porão da casa do vizinho e que, embora fraca e ferida, tinha conseguido comer o suficiente para sobreviver.

Durante mais ou menos um ano, parecia que Tosca havia aprendido a lição após ter esbarrado com a morte. Mas então ela voltou a deitar-se sobre o peitoril quando Gypsy estava na sala, embora não mais com o mesmo ar blasé, pois ainda se mostrava nervosa com o que ela havia sido capaz de fazer. Com o tempo, a complacência se instalou. Gypsy a pegou outra vez. De novo a arrancamos das mandíbulas de Gypsy e a levamos ao veterinário, onde ela viveu mais uma noite ao custo de cem dólares pelas acomodações e pelo tratamento. Lembro de ter pensado se não teria sido melhor que Gypsy a tivesse matado de uma vez. O veterinário incumbiu-se de enterrá-la.

De todos, Yael foi quem mais se abalou. Nos três dias que se seguiram, ela mal podia olhar para Gypsy. Embora não gostasse de gatos, aproximara-se de Tosca, porque a alimentara e porque Tosca a procurava mais do que a qualquer outro nas raras ocasiões em que se deixava acariciar. Quando Yael era pequena, seus três periquitos foram comidos por um gato e isso a fez não gostar de gatos para o resto da vida. As pessoas são assim. Quando os filhos de nossos amigos apaixonados por gatos souberam que Gypsy havia matado Tosca, eles ficaram contra ela, mesmo quando lembrei-lhes que seus amados gatos também haviam matado muitos passarinhos. Verdade seja dita, Tosca teve o que merecia. Ninguém queria que tivesse sido assim, mas isso é querer imputar nosso senso de proporcionalidade ao que ocorria entre ela e Gypsy. Tosca mostrou uma coragem admirável quando, após ter nascido novamente, desafiou Gypsy com tanta arrogância, mas seria a negação deste mesmo espírito recusar-se a compreender que ela pagou o preço do jogo mortal que escolheu jogar. Havia chegado a sua vez, mas Gypsy não a matou por isso. Esse pensamento jamais lhe ocorreu. Nada lhe ocorreu. O que se deu faz parte do que significa ser animal.

Anos mais tarde, ao refletir sobre ter procurado a pá para esmagar a cabeça de Tosca, "para livrá-la de sua miséria", percebi que jamais faria o mesmo com Gypsy. Nem deixaria seu cadáver com o veterinário. Eu a teria enterrado como meu pai fizera com Orloff. Mesmo que não tivesse nenhuma escolha e precisasse pegar a pá para matá-la e livrá-la do sofrimento, eu o teria feito com outro espírito, fundamentado na dolorosa evidência de que seria realmente a única coisa a ser feita. No entanto, mesmo condoído por ter de matar Tosca e não sentindo qualquer prazer na forma como escolhera fazê-lo, eu me propus a levar tal decisão a cabo, obedecendo a um instinto de alguém que crescera em uma fazenda. Era assim que se fazia na fazenda. A ideia de tomar essa decisão somente em circunstâncias desesperadoras não fazia parte da vida na fazenda. Esse fato e outros semelhantes dão à vida dessas pessoas conotações que se encaixam no uso comum de expressões como "livrar um animal de sua própria miséria" ou "apagar um animal".

A consciência da brutalidade do que eu pretendia fazer com Tosca não tem a menor relação com as minhas estimativas sobre a dor que ela poderia sentir. Concluí que, se tivesse batido com bastante força, eu não a teria feito sofrer. Nossa atenção, quando pensamos nesses problemas, é facilmente transferida para o que o animal vai sentir, e assim damos pouca importância ao significado do nosso ato. Pensamos sobre a dor que causaremos, mas não na desonra que iremos lhe infligir. Para perceber a diferença, basta refletir sobre o grau de desespero que nos levaria a considerar matar uma pessoa com um golpe de pá e sobre como seria terrível ter de fazê-lo, independentemente das circunstâncias e das justificativas (certas ou erradas) que alguém pudesse encontrar para tal ato.

Mais uma vez reitero que não é porque ela podia sentir dores ou sofrer física ou mentalmente — mas porque seria um ataque à sua dignidade. Se ela estivesse consciente, alguma caracterização adequada para sua agonia diante do prognóstico de morrer dessa forma deveria ser comunicada pelo fato em si. No caso de seres humanos, a dignidade e o respeito devidos não são do tipo para o qual apelaram, por exemplo, aqueles que insistiam, durante a Segunda Guerra, que oficiais deveriam ser fuzilados em lugar de "enforcados como criminosos comuns". São do tipo incondicional.

São devidos aos seres humanos como tais, independentemente de sua situação ou estado, independentemente de seus méritos.

O espírito do qual eu estava investido quando decidi matar Tosca é captado nas associações com expressões como "livrar um animal de sua própria miséria" e "apagar um animal". Nenhuma das duas significa simplesmente matar um animal para aliviar seu sofrimento. Somente alguém incapaz de diferenciar sons seria capaz de achar que qualquer uma das duas é uma descrição adequada para a eutanásia. Do contrário, piadas sobre apagar a avó de alguém não seriam vistas como humor negro. Usamos essas expressões apenas para o sacrifício de animais, demonstrando, portanto, uma diferença entre o tipo de compaixão apropriada para animais e o de compaixão apropriada para seres humanos. Trata-se de um aspecto da forma como diferenciamos animais e seres humanos — nós e eles. Em relação a Tosca, quando decidi matá-la, demonstrei sentir o primeiro tipo de compaixão. Não seria assim com Gypsy.

Eu estava errado em pretender matar Tosca daquela maneira? Acho que sim. Deveria estender a todos os animais o tipo de compaixão que sentia por Gypsy, respeitando a sua dignidade de um modo incompatível com "livrá-los de sua própria miséria"? Estou errado em simplesmente fazer essa pergunta? A resposta não deveria ser óbvia a essa altura? Não acho que seja óbvia. Mas obviamente seria fora do comum pensar que, embora não se vá "apagar" a própria avó, seria aceitável que outros o fizessem, ou que alguém fizesse isso para outros.

Um dia — e esse dia não deve estar longe — poderemos olhar com revolta para a crueldade de muitas de nossas práticas corriqueiras em relação aos animais. Mas também poderemos nos sentir profundamente envergonhados da pobreza da nossa ideia do que vem a ser dignidade animal. Poderemos não acreditar que um dia fomos capazes de deixar corpos de animais atropelados na estrada para serem atropelados outras inúmeras vezes. Então, poderemos conseguir enxergar a revolta emergindo consistentemente das mais "humanas" de nossas práticas. Mas a nossa noção do motivo pelo qual não devemos fazer distinção tão radical entre alguns animais em particular ou entre tipos de animais não vai, acho eu, expressar que passamos a acreditar que as diferenças empíricas objetivas entre eles não justificam formas de tratamento diferentes.

Quando refleti criticamente sobre a minha resposta a Tosca, eu não achava conscientemente — ou inconscientemente, acredito — que diferenças importantes entre ela e Gypsy ou, mais genericamente, entre gatos e cachorros, não existiam. E também sei muito bem que um cachorro morto, deixado à beira da estrada, tem as mesmas características objetivas de Gypsy. É verdade que não pensamos em agir com peixes e insetos da mesma forma como agimos com gatos e cachorros, mas suspeito que não sejam suas diferenças objetivas em si que são tão importantes para nós como as relações que essas características nos oferecem. Mesmo assim, as características vistas isoladamente jamais explicam a totalidade das relações que elas possibilitam. Gypsy é um membro da família. Algumas pessoas torcem o nariz para essa descrição e acham que ela deve ser colocada sempre entre aspas, sob a rubrica do sentimentalismo. Outros a aceitam. Nenhuma característica objetiva dos pastores alemães os levará a um meio termo.

Alguns anos após o acidente, quando Gypsy já contava dez anos de idade, ela se envolveu em uma briga terrível com uma outra pastora alemã bem mais nova e com todo o poder da juventude. A irmã da outra cadela corria de um lado para o outro sem saber o que fazer. Ninguém podia adivinhar se ela iria se juntar à irmã. Era uma luta ferrenha. Cadelas lutam até a morte com mais frequência do que cães do sexo masculino, e aquela luta parecia querer tomar esse rumo. Tentei separá-las. Agarrei a cadela pelo pescoço e tentei afastá-la de Gypsy, que levava a pior. Mas ela se contorceu e se virou com tanta violência que fui parar longe com um ligamento rompido no ombro. Tendo assistido ao que aconteceu, Yael se aproximou para separar as duas raivosas combatentes, ainda com a outra cadela correndo à sua volta, excitada, mas sem se envolver. Ela agarrou a cauda da cadela mais jovem e a puxou com força. Manteve presa sua cauda e chutou-lhe o traseiro repetidamente até ela recuar. Certamente foi um ato de coragem. Ninguém poderia afirmar, com certeza, que os dois cães não iriam avançar contra ela. Yael poderia ter se machucado muito ou mesmo morrido. E eu pergunto: por um cachorro?

O Cão do Filósofo

uando Gypsy se deita sobre seu tapete na cozinha, com a cabeça sobre as patas cruzadas e os olhos perdidos a meia distância, e estamos à mesa, comendo ou simplesmente conversando após a refeição, às vezes me pergunto o que se passa na cabeça dela. Estaria pensando em alguma coisa? Imagino que seja difícil encontrar alguém, cujo cachorro tenha se tornado parte da família e viva dentro de casa, que ainda não tenha feito tal pergunta. Isso parece uma tentação irresistível, embora estranha, pois estou quase certo de que ela não pensa em nada. Por que então eu — e tantas outras pessoas — faço essa pergunta? Porque, acredito, somos ocasionalmente atingidos pela miséria dos animais, pela sua alteridade em relação às pessoas e à vida humana. Uma longa história de reflexão filosófica e científica fez parecer natural expressar esse mistério como se referindo à consciência animal. É natural, mas acredito ser equivocado.

Ensinar Gypsy a deitar-se sobre o tapete foi uma exigência do treinamento para torná-la membro de nossa família. Quando a compramos com nove semanas de idade, os criadores chamaram a mãe dela, que estava dentro de casa, e fizeram uma demonstração. Após uma parada para que a admirássemos — com certa reserva, pois tinha a orelha esquerda um tanto mole e temíamos que acontecesse o mesmo com Gypsy —, ela recebeu o comando para deitar-se, e deitou-se com a maior naturalidade. O criador nos aconselhou a ensinar Gypsy (ou Elsa, como ele a chamava) a fazer o mesmo, caso pensássemos em deixá-la entrar em casa. Era um conselho que servia para qualquer cachorro, dizia, mas especialmente para Gypsy, pois ela já havia dado mostras do que era. Impudente e maliciosa, era possível afirmar que ela tentaria determinadamente fazer as coisas do seu jeito. Ele estava certo.

Aprender a deitar-se sobre o tapete quando pedido ou ordenado — ela responde de modo diferente a esses comandos — foi uma lição que Gypsy adaptou a tapetes em outras partes da casa. Nossa insistência para que aprendesse fazia parte de seu adestramento. Lance a ideia de adestrar um cão para um grupo selecionado aleatoriamente, e ele irá, assim imagino, dividir-se em dois. A visão da maioria será orientada pela ideia de que um cão é um feixe mecânico de estímulos e respostas, ou talvez isso somado a instintos que poderão ser explorados. E haverá os imbuídos pela esperança de que um cão pode ser educado para se tornar um cidadão, como conta Vicki Hearne (com tom meio debochado) em seu maravilhoso livro *Adam's Task: Calling Animals by Name*.

Embora escreva com um certo humor, Hearne fala sério quando sugere que devemos infundir, mesmo entre cães, a ideia de que liberdade é obediência à necessidade em lugar de descompromisso com ela. Essa distinção caracteriza um velho argumento em filosofia política, e Hearne reconhece que a relação entre alguns donos e seus cães altamente disciplinados evidencia uma liberdade diferente daquela experimentada por animais silvestres — uma liberdade que pode ser mais bem conceituada por analogia à liberdade que a lei e sua obediência tornam possível nas relações humanas. Ela certamente sabe que a analogia só funciona se houver entre seres humanos e seus cães (ou outros animais) relações capazes de lhes permitir fazer distinção entre um comando com autoridade de direito e um ato de força. Ela acredita que essas coisas existem e escreve de modo impressionante sobre elas em um capítulo intitulado "Ensinando um Cão a Obedecer". Ela sabe que a pessoa precisa conquistar o direito de comandar um cão e que a posse deste direito depende de se conquistar respeito e merecimento.

Hearne está mais para certa do que para errada, acho eu, embora saiba que muitas pessoas dirão que ela está exagerando. Alguma reflexão poderá fazer com que aqueles que já tenham visto a atuação de um cão pastor percebam que a disciplina capaz de lhes permitir atuar de maneira tão impressionante aumenta, e não diminui, a sua liberdade. A questão, contudo, não diz tanto sobre o adestramento de um cão poder desvendar potencialidades e habilitá-lo a desenvolvê-las, do mesmo modo como acontece com a educação de crianças. Embora verdadeiro e importante, isso não atinge o cerne do entendimento de Hearne sobre ser essa liberdade constituída por certos tipos de relações morais, em vez de ser simplesmente possibilitada ou ampliada por eles. Ela só existe quando há respeito pela dignidade animal somado a uma preocupação com seu bem-estar. Ou melhor, só existe quando a preocupação com seu bem-estar é transformada pelo respeito à sua dignidade. Quando nos esquecemos disso, não somos apenas cruéis com os animais e negligentes com suas necessidades. Nós os degradamos.

Assim como acontece com seres humanos, o respeito pela dignidade de um animal caminha lado a lado com as expectativas em relação a ele, naturalmente chamadas morais. Esperamos que ele não morda as visitas, para não falar de membros da família. Quando Gipsy era mais jovem, esperávamos que ela defendesse os membros da família. Não pensamos nessas coisas apenas como uma consequência de seu treinamento. Na verdade, ela não foi treinada, se entendermos isso como tê-la submetido a um programa de condicionamento. Nada do que fizemos enquanto lhe ensinávamos nosso modo de viver foi orientado por esse modo (behaviorista) de vê-la e mesmo de entender sua relação conosco. Assim como Hearne, acredito que adestradores behavioristas pouco conseguiriam, se aplicassem plenamente o que pregam. Os instintos de membro de uma alcateia que Gypsy trouxe para dentro de nossa casa foram transformados (humanizados, eu diria) nesse adestramento, capacitando-a a participar, até certo ponto, de um modo humano de vida. Sua obediência não pode, em minha opinião, ser adequadamente explicada por teorias sobre estímulo e resposta ou por referências a como ela teria respondido ao líder da alcateia, ou por uma combinação dos dois.

Desse modo, não adestramos Gypsy para que ela se tornasse previsível. Queríamos que ela se tornasse confiável. É preciso coragem para um cão atacar um estranho com o objetivo de defender membros de sua família. É provável que um cão, que nunca teve tolhidos seus desejos, não consiga tolher sua vontade de fugir em vez de atacar. Confiamos a Gypsy algumas coisas, outras não. E se nossa confiança se mostrar equivocada, diremos nos sentir traídos. Se isso acontecer, acho que ela conseguirá perceber.

Quando piso a pata de Gypsy e ela rosna, tenho certeza de que o faz por dor. Também não duvido de que, se a acaricio e peço desculpas, ela se sinta reconfortada e aliviada em saber que eu não expressei contra ela nenhum sentimento hostil. Às vezes, ela acha que está na hora de comer, quando não está. Outras vezes, quer sair e brincar de tentar me enganar, fingindo que vai correr para um lado, quando, de fato, pretende correr para o outro. Vez por outra, ela se ofende quando repreendida. Embora inteligente, ela não é sábia. Tem caráter e personalidade. Seu caráter é, em parte, característico da raça — tem "nervos de aço", é confiante e corajosa, jamais se mostra agitada, não é demasiadamente agressiva nem tímida, tomando como base a Kennel Club Breeders Association da Grã-Bretanha. É sensível (não tanto quanto Zac) ao nosso humor e sentimentos, e também tem seus momentos felizes, infelizes, depressivos ou aborrecidos, de acordo com a situação.

É também maliciosa, impudente, teimosa, meio "princesa" e sempre atenta a oportunidades de conseguir o que quer com pessoas de fora que frequentem a nossa casa. No dia da faxineira, Gypsy sempre inventa algum truque, pois sabe que poderá fazer o que quiser com ela. Assim, cavará um buraco, ou morderá a mangueira ou mesmo deixará mais do que simples marcas de dentes no aspirador de pó.

Se não tivéssemos certeza dessa e de outras coisas, tanto eu como Yael e as crianças não poderíamos pensar em Gypsy como parte da família. Sei que uma parcela do que eu disse pode provocar algum ceticismo. É possível que alguém pergunte, com toda razão, o que eu quis dizer quando afirmei que Gypsy aceitou minhas desculpas. Eu penso realmente que ela tem uma ideia concebida de desculpa? Tenho certeza de que ela não tem, mas sei que, quando a acaricio após tê-la machucado acidentalmente, ela entende que eu não tive a intenção de machucá-la e (assim acredito) que sinto muito ter feito o que eu fiz.

De vez em quando, eu me engano, é claro. Quando Gypsy levanta as orelhas, senta-se e em seguida corre até a porta dos fundos, posso pensar que ela imagina ser Yael chegando, mas ela pode estar achando que são os cachorros da vizinha. E, às vezes, não tenho ideia do que está ocorrendo. Então, posso supor que ela está pensando isso ou aquilo. Em alguns casos, nunca descubro. Mas não *conjecturo* que ela seja um tipo de criatura ora calorosa, ora fria, que, às vezes, sente prazer e, outras vezes, dor, que acredita em algo e espera ou teme outro algo. Também não *concluo* ou o *tomo como certo* esse algo — por razões práticas, e não por razões filosóficas ou científicas. Estou absolutamente convencido, quer dizer, não tenho a menor dúvida, de estar igualmente certo de que, quando ela se deita sobre o seu tapete ou senta-se em frente à porta da frente com os olhos voltados para o mar, ela não está pensando em seus pecados ou em problemas filosóficos.

Certamente, ninguém que se sinta inseguro sobre essas coisas, ou que se sinta seguro mas pense ser razoável duvidar, se surpreenderá com a minha certeza, pois não ofereci provas. Devo saber, é claro, que muito do que eu disse sobre Jack, Orloff, Zac e Gypsy é bastante controverso. Ainda assim, não ofereci justificativas para as minhas certezas.

É verdade: não forneci evidências de que, quando Gypsy uivava na calçada, rolando de um lado para o outro, ela uivava de dor, nem de que Jack sentia afeto por meu pai quando escalava sua cama e encostava o bico em sua boca, nem de que sentia frio quando se postava molhado e tremendo sobre a cadeira que Hora posicionava diante da lareira. Também não dei provas de que Gypsy, às vezes, aceita que eu não tive a intenção de machucá-la ou que, outras tantas vezes, entende que Yael está chegando. Dei pouca importância à sugestão de que Zac estava realmente interessado no sal das lágrimas de Eva. O mais surpreendente de tudo foi a confissão de minhas expectativas morais a respeito de Gypsy e de que teria sido uma desonra para Tosca ter-lhe golpeado a cabeça com uma pá, com a intenção de livrá-la de sua miséria.

Temos aqui, certamente, inúmeros exemplos. Alguns mais controvertidos que outros. Poucas pessoas perguntariam por que eu tenho certeza de que Gypsy estava uivando de dor quando o bêbado caiu sobre sua perna. Mas também poucos me pediriam para justificar minha crença de que Zac demonstrava uma doce preocupação com Eva, em vez de estar apenas interessado no sal de suas lágrimas, ou de que Gypsy achava que Yael estava chegando.

Os céticos em relação a Zac e Eva ou Gypsy e Yael perguntarão por que eu acredito que cães *sempre* podem demonstrar uma doce preocupação ou acreditar que algo seja verdadeiro. Por que, então, não me perguntam como sei que Gypsy é uma criatura sensível? Será porque isso é óbvio?

Talvez muitas pessoas acreditem que isso é óbvio ao ponto de ser uma bobagem exigir provas. Ninguém duvida seriamente de que cachorros sejam animais sensíveis, diriam. Acredito mesmo que ninguém duvide disso seriamente, mas não acho que tal fato se deva à obviedade da questão ou por ser uma evidência esmagadora. Em uma sala de aula — talvez numa aula de filosofia questionando o que sabemos e como o sabemos, o grau de confiança justificada que podemos ter para os diversos assuntos que dizemos conhecer —, o que alguém poderia propor para mostrar que tínhamos evidências para derrotar qualquer um que seriamente afirmasse ter dúvidas sobre cães serem criaturas sensíveis? Seu comportamento, presumivelmente, e talvez alguns fatos sobre seu sistema nervoso, embora seja importante reconhecer que, a respeito deste último, a maioria das pessoas pouco sabe e acha que não precisa saber para ter absoluta certeza de que cães são seres sensíveis. O conhecimento acerca do sistema nervoso de um cão não acrescentaria nada à nossa certeza; pode nos mostrar muita coisa sobre as sensações de um cão, mas talvez não seja minimamente importante para convencer que cães têm sensações. Tentar fazer com que ele tenha um papel importante seria como quebrar uma pedra em pedaços, para mostrar que, já que ela não tem um sistema nervoso, temos como justificar nossa certeza de que pedras não se machucam quando as chutamos.

No entanto, nessa tal aula surgiria uma pergunta. Como podemos ter certeza — apenas através da observação do comportamento do cão, do que podemos ver — de que ele tem sensações que não podemos ver? Se estivermos certos, não seria possível perguntar, apenas como argumentação, se o comportamento do cão justifica essa certeza? A resposta clássica a essa pergunta uma vez feita, tanto sobre seres humanos como sobre os animais, é cética. Há sempre uma distância entre o comportamento e aquilo que achamos que ele comprova. Alguns dizem que a distância é pequena. Dizem que podemos ter uma quase certeza, de modo que, na prática, podemos agir como se não houvesse dúvidas. Podemos ter noventa e nove por cento de certeza. Os filósofos, dizem, se incomodam com esse um por cento, mas isso não incomoda pessoas comuns que levam a vida. E quando filósofos largam os estudos e deixam a sala de aula para se tornarem pessoas comuns que levam a vida, isso também deixa de ter importância para eles. O grande filósofo escocês do século XVIII, David Hume, que levantou dúvidas muito radicais sobre o que podemos ter como certo, disse que suas dúvidas se dissipavam quando eram superadas pelos prazeres dos assuntos triviais entre amigos diante de um tabuleiro de gamão.

Quando filósofos se debruçam sobre o problema do ceticismo, sobre a questão se há outras mentes além das suas, e então admitem que não podem responder satisfatoriamente, os que são céticos tendem a voltar-se para uma versão sobre a distinção entre o que uma mente pura, purgada de preconceitos comuns e de demandas da vida prática pode achar duvidoso — pode duvidar, pelo menos a princípio —, e o que nós, seres humanos comuns, podemos achar duvidoso. De modo a explicar por que a dúvida não se manifesta ruidosamente na vida comum — por que uma conversa ou um jogo de gamão podem tão facilmente acalmar uma mente filosófica —, a melhor resposta é que padrões filosóficos de certeza são artificialmente cansativos, e as causas das dúvidas não são tão grandes assim. Por isso, podemos aceitar a opção de noventa e nove por cento.

Parece rigoroso, mas, na verdade, esse rigor é artificial. A opção dos noventa e nove por cento pretende reconciliar indagações conflituosas — que as dúvidas sobre a existência de outras mentes é real e que ninguém seriamente duvida de que haja outras mentes. Mas quais são as bases racionais para o cálculo dessas probabilidades? Não existem, acho eu. Uma vez surgida a dúvida, nada poderá aquietá-la. Ou, para ser mais exato, tendo pedido evidências, não encontramos nada que seja adequado à nossa certeza.

A distinção entre algo capaz de trazer dúvida à razão purificada da escória da vida humana e algo de que seres humanos com uma vida comum são capazes de duvidar sempre foi crucial para a formulação do ceticismo radical. Talvez o melhor exemplo disso ocorra no maravilhoso *Meditações sobre filosofia primeira*, de René Descartes. Ele conta que está em seu escritório, sentado junto à lareira, e se lembra de que, às vezes, sonha que está no escritório sentado junto à lareira. Como ele pode saber que não está sonhando com isso? Ele analisa certos critérios cuja aplicação possa capacitá-lo a saber se está sonhando ou se está acordado, até ser surpreendido pela ideia de que pode estar sonhando com esses critérios e aplicando-os. Para sua surpresa, diz, ele percebe "que nunca há quaisquer sinais seguros pelos quais estar acordado pode ser distinguido de estar dormindo".

Trata-se de um argumento maravilhoso — simples, elegante e aparentemente livre de suposições contestadoras. Não é difícil imaginar uma pessoa impressionada com o argumento de

Descartes, e que o escreve no quadro-negro, se convence da verdade de suas premissas e da validade dos movimentos entre elas, e ainda assim pense que a conclusão é louca. Ela pergunta como é possível alguém concluir seriamente, em circunstâncias ordinárias da vida, que pode estar sonhando? Decide que, embora elegante e persuasivo, o argumento deve conter algum erro. Tenta encontrá-lo, mas, para seu desconforto, falha. Com uma ansiedade crescente, analisa o argumento outras vezes, mas não descobre a falha. Pensa ser tudo devido ao cansaço e à agitação. No dia seguinte, com a mente limpa e a alma tranquila, vai tentar novamente, mas, no dia seguinte, falha outra vez.

O que deve fazer o pobre homem? Acredite-me, ele não está sendo frívolo. O ceticismo nos leva aos problemas mais profundos do pensamento humano. A filosofia realmente importa, ele crê. Não se trata apenas de um jogo intelectual. O paradoxo de Zenão, que supostamente prova a inexistência de movimento, jamais lhe interessou. Ele sabia que se tratava de um mero quebra-cabeça. Mas o argumento de Descartes sobre não ser possível saber ao certo se não estamos sonhando não é um mero quebra-cabeça. E esse discípulo, que anota o argumento no quadro-negro, achando sua conclusão inescapável e louca, está comprometido, com todo o seu ser, com a vida da mente. Agora, sua mente — sua razão — avisa que ele deve aceitar a conclusão de sempre poder estar sonhando. Ele é muito severo para aceitar a opção dos noventa e nove por cento, pois sabe que o conforto oferecido por ela não tem fundamento. Está dividido. Com todo seu ser, não apenas com sua mente abstraída de sua humanidade, ele acredita que deve duvidar. E com todo seu ser, não apenas com sua humanidade prevalecendo sobre a razão, ele sabe que não pode.

Seria possível, então, dizer que simplesmente sabemos que estamos acordados ou que cães são criaturas sensatas? Não, assim penso, se o fizermos como uma resposta aos céticos, ao aceitarmos como exaustiva sua divisão entre a ausência de dúvida que se justifique e a ausência de dúvida como um mero fenômeno psicológico. Afirmar que simplesmente sabemos da existência de outras mentes ou que sabemos quando estamos acordados como garantia autoevidente do fato de não duvidarmos dessas coisas é, na minha opinião, inútil. Na falta de uma explicação independente para a faculdade que tão maravilhosamente garante ser justificada nossa certeza, e não um mero fenômeno psicológico, podemos muito bem, como ocasionalmente fazem as crianças, bater os pezinhos para declamar nossa virtude.

Seríamos, então, apenas seres epistêmicos de mau gosto, como um filósofo já nos descreveu (talvez por boas razões evolutivas), capazes de permitir que a psicologia preencha os buracos deixados pela razão crítica, substituindo a mera capacidade de duvidar por uma certeza absoluta? Como seria ignóbil essa posição!

Isso importa? Não seriam essas coisas importantes apenas para os filósofos? Talvez Cálicles estivesse certo quando disse a Sócrates que, embora a filosofia seja uma nobre busca na juventude, um velho que dela se ocupe precisa de algumas chicotadas. Importa, sim, e Cálicles estava enganado. Mas mesmo se o ceticismo sobre a existência de outras mentes estiver no sentido pejorativo de interesse apenas para filósofos, nós, os interessados em entender nossas relações com os animais, precisamos da explicação correta sobre por que não podemos duvidar de que cães são criaturas sensíveis. Se não a obtivermos, teremos problemas quando pararmos para pensar sobre por que temos (ou devemos ter) certeza de que cães não pensam acerca da matemática superior.

Devido a um entendimento imperfeito disso tudo, muitas pessoas que não se deixam abalar por sua incapacidade de duvidar de que cães sejam sensíveis são levadas a dizer, com um pouco mais que um pequeno embaraço, que, afinal, não podemos saber ao certo o que os cães pensam. Elas também têm sua própria versão, igualmente ruim, para os noventa e nove por cento. Temos noventa e nove por cento de certeza, dizem, de que Gypsy não pensa sobre matemática ou sobre os acontecimentos do dia quando ela se deita no tapete e olha para o mar. Nem — e disso temos noventa e nove por cento de certeza — pensa se deveria recusar-se a assaltar a lata de lixo por saber que é intrinsecamente errado, em lugar de temer a bronca.

Há um caminho melhor. Talvez, como sugeriu Ludwig Wittgenstein, devamos parar de procurar uma justificativa enquanto nos recusarmos a admitir que isso é negligência intelectual. Talvez devêssemos olhar mais de perto para a grande suposição, compartilhada pelo cético e por quem tenta refutá-lo, de que as respostas sem hesitação para expressar nossas certezas são baseadas na crença. Respondo aos uivos de Gypsy, dizem, acreditando que ela esteja sentindo dor, e eu acredito que ela esteja sentindo dor, pois eu também acredito que ela seja uma criatura sensível. O mesmo é verdade para a nossa certeza de que outros seres humanos tenham mentes. A crença, nesse caso, não precisa ser confrontada com o conhecimento. Quando digo que sei em lugar de dizer que simplesmente acredito, estou dizendo que minha crença tem um certo tipo de justificativa. Mesmo quando eu digo que "simplesmente sei", sem oferecer evidências, reconhecendo que todas as minhas evidências são fracas, então, de acordo com essa suposição, estou de um modo ou de outro afirmando estar cognitivamente relacionado com o que lá está, com um estado de coisas ou com algum fato. Essa conexão é frequentemente chamada de intuição, concebida como uma faculdade mental. Há uma disputa sobre o que pode ser intuído, mas sabermos que sentimos dores quando estamos sentindo dores é uma discussão clássica. Você pode precisar de evidências no meu comportamento, mas eu simplesmente sei (intuitivamente ou introspectivamente). Quando os filósofos, assombrados pelo ceticismo, tentam fornecer uma lista de coisas sabidamente certas, esse exemplo é logo o primeiro.

Até disso Wittgenstein suspeitou. Quando alguém sente dores, diz ele em *Investigações filosóficas*, não pode dizer, a menos que seja uma piada, que *sabe* que sente dores. Pareceu tão fora do comum para tantos filósofos, que eles acham que Wittgenstein talvez não quisesse dizer isso. Acharam que ele quis dizer ser normalmente impossível as pessoas dizerem isso — dizer no sentido de afirmar — com a intenção de informar alguém —, pois é absolutamente óbvio que, se uma pessoa sente dores, ela deve saber disso. Mas Wittgenstein quis dizer isso mesmo. Nem se pode mesmo citá-lo como exemplo em discussões sobre ceticismo, sobre algo que uma pessoa pode saber ao certo, disse ele. Não porque alguém pudesse duvidar, mas porque nada se acrescentou ao fato de que ninguém pode duvidar disso, dizendo que ninguém pode duvidar disso porque isso é sabido. Dizer que alguém sabe (introspectivamente ou intuitivamente) cria a ilusão de que há bases justificadas para o fato de ninguém poder duvidar disso. "Uma pessoa não pode duvidar se está com dor porque ela sabe que está" (por meio de uma faculdade epistêmica) é, segundo pensou Wittgenstein, um exemplo de uma proposição pseudo-epistemológica. Quer dizer que ninguém pode duvidar e deixar por isso mesmo, sugeriu ele.

Com certeza, é um pensamento radical, um dos mais radicais já surgidos em filosofia. Não importa o que, afinal, seja dito, ele merece consideração e, portanto, expõe como duvidosa a suposição que constitui a base do ceticismo, bem como as respostas insatisfatórias a ela.

Quase todo trabalho filosófico ou científico sobre animais se baseia na suposição que Wittgenstein pôs em dúvida — que temos uma justificativa para atribuir vários "estados de consciência" a animais até onde haja evidências de sua existência. A imagem que inspira essa suposição é exatamente a mesma que inspira o ceticismo de maneira mais geral. É aquela em que somos espectadores no mundo, incorrigivelmente conscientes de nosso próprio estado através da introspecção, mas corrigivelmente assumindo os mesmos estados em outros. Quando nos tornamos espectadores reflexivos, percebemos que suposições sobre outros devem ser questionadas, se quisermos alcançar nosso potencial como seres racionais. Cada atribuição, portanto, se torna uma hipótese a ser confirmada ou rejeitada com base na evidência.

Aqueles que não podem levar a sério o ceticismo sobre a existência de outras mentes humanas estão, contudo, prontos para serem seriamente céticos em relação às mentes animais. Muitos, suponho, tomam o fato de falarmos uns com os outros, de vivermos num mundo banhado pelo discurso, como uma refutação implícita de ceticismo sobre outras mentes humanas, mesmo quando, como geralmente seria o caso, não podem explicar o motivo. Porém, eles afirmam, os animais não podem nos dizer o que eles têm na cabeça. É por isso que nunca saberemos. Serão sempre misteriosos para nós.

Deitada no Tapete a Olhar o Mar

Quando tinha cinco anos de idade, minha filha Katie, um dia, queixou-se de uma dor de barriga. Algumas poucas perguntas mostraram que não se tratava de nada tão grave, e então eu disse a ela que eu também sentia uma dor.

— Onde? — perguntou ela.
— No meu bolso — respondi.

Sem hesitar, ela retrucou:

— Que bobagem. É impossível sentir dor no bolso.

Sua resposta rápida e firme me despertou interesse. O que começara como uma brincadeira, agora prometia suscitar um interesse filosófico.

— Como você sabe que eu não posso sentir dor no bolso? Você está com dor de barriga. Você também já sentiu dor de cabeça ou nas pernas. Bem, eu já senti essas dores também, além de outras em outros lugares, inclusive, como está acontecendo agora, no meu bolso. Eu já ouvi falar de gente que sentia dores no ar, bem junto ao corpo. Dizem que são membros fantasmas.

Nada disso a impressionou.

—Você está falando bobagem — insistiu ela, mantendo sua posição, mesmo depois de eu ter-lhe dito que estava sendo dogmática e que não estava preparada para aprender com a experiência das outras pessoas.

—Você só tem cinco anos — disse-lhe. — Como pode saber onde as dores surgem? Abra-se a novas experiências. Aprenda com os outros. O mundo está cheio de coisas estranhas.

Katie não era uma criança excepcionalmente cética. Como a maioria delas, acreditava em Papai Noel e no Coelhinho da Páscoa. E, enquanto eu tentava convencê-la a estar aberta a aprender onde as dores podem surgir, ela participou comigo de um conceito elaborado, o que durou alguns anos. Disse-lhe que, numa padaria vizinha a King's College London, certa vez eu encontrara um leão e que começamos a conversar sobre as coisas, inclusive sobre um problema com os dentes que ele e seu amigo Hipopótamo estavam enfrentando desde que o Leão descobrira a confeitaria e começara a levar bolos para o zoológico e dividir com seu amigo. O nome dele, disse-lhe, era Leão-da-Padaria. A minha história começou como uma simples fábula visando a ensiná-la a escovar sempre os dentes, mas logo se elaborou e ganhou vida própria. O Leão, contei-lhe, às vezes ia para a África com o Hipopótamo, e, devido a nossa amizade cada vez mais forte, ele se interessara por Katie. Mandara para ela fotografias da África, nas quais ele aparecia entre amigos. Ele chegara mesmo a telefonar de tempos em tempos para saber como ela estava e para lhe contar suas aventuras.

Se ela acreditou na história ou se simplesmente participou da fantasia, deixando a descrença para depois, não posso dizer. Mas acho que a resposta está mais para esta última. Embora tivesse apenas cinco anos, era suficientemente inteligente e sabida para perguntar por que parecia haver apenas um leão como aquele em todo o mundo. Mas não o fez, e, quando finalmente disse que não havia nenhum Leão-da-Padaria, sua declaração foi bem diferente de uma outra sobre não haver nenhum Papai Noel.

Por que Katie estava tão certa de que não era possível alguém sentir dor no bolso e tão insensível aos meus apelos para ser mais aberta ao que o mundo era capaz de ensinar? Quando dizemos que sabemos como os outros se sentem, como e onde eles estavam quando se sentiram de tal forma, muitas vezes apelamos para nossas próprias experiências, para aquilo que vimos, ouvimos ou interiorizamos. Às vezes, apelamos para o que sabemos, em virtude de nosso lugar na comunidade na qual as pessoas têm autoridade. A ciência nos ensina, costumamos dizer; ou é o saber comum e tem sido assim desde os tempos imemoriais, ou nós a temos na autoridade de um padre ou de um guru. Isso é conhecimento de mundo garantido pela experiência. Se a certeza de Katie sobre ser impossível alguém sentir dor no bolso fosse desse tipo, ela seria vulnerável às minhas respostas. Mas ela não era assim. Como também não era a minha certeza de que Gypsy não pensa a respeito de seus pecados e das questões da filosofia, ou de que pedras não se machucam quando eu as chuto, ou de que sapos não viram príncipes.

Certamente, algumas coisas que sabemos sobre a dor são aprendidas com a experiência. Aprendemos, por intermédio de atenção introspectiva, como descrever dores; que elas, às vezes, parecem migrar; que podem existir no lugar onde havia um braço que não está mais lá; e, é claro, aprendemos sobre suas bases psicológicas. Ouvimos histórias, lemos alguns artigos ou resumos de artigos científicos, e assim por diante. Mas que ninguém pode sentir dor no bolso, que ninguém pode estar com uma dor profunda sem se dar conta, ou que ninguém pode enviar a dor pelo correio para que o médico a examine — estas não são generalizações empíricas asseguradas pela introspecção sobre as dores de cada um ou por relatos de reflexão introspectiva de outros. Ao rejeitar tão categoricamente a autoridade *prima facie* do pedido de seu pai para que ela tivesse uma experiência contrária ao que ela achava ser possível, Katie mostrou instintivamente saber que sua negação não se baseava em generalizações empíricas. Sua certeza também não era baseada em introspecção sobre suas próprias dores. Como pode a introspecção das características de nossas sensações justificar tal afirmação categórica de que algo é impossível?

Há cabeças-duras que acreditam que a Terra é plana, que Elvis Presley está vivo e trabalhando para a CIA, ou que é possível ler a sorte na borra de café. São chamados cabeças-duras porque não possuem um julgamento que os capacite racionalmente a tirar conclusões das evidências. Mas não existem cabeças-duras capazes de achar possível alguém sentir uma dor no bolso. Foi por isso que Katie rejeitou não apenas minha afirmação sobre sentir uma dor no bolso, mas também os meus protestos de que aquela era a minha crença. Apenas uma criança muito pequena, bem mais nova que Katie, poderia achar isso possível, e mesmo assim de forma incipiente, pois, conforme mostra o exemplo de Katie, só seria possível alguém acreditar nisso se tivesse falhado nas formas mais fundamentais no entendimento do conceito de dor. Mas alguém que tivesse falhado de modo tão fundamental no entendimento do conceito de dor não está na posição de ter crenças, falsas ou verdadeiras, sobre a dor.

Como, então, Katie aprendeu que não é possível alguém sentir dor no bolso? Pois isso ela mostrou que aprendeu. Aprendeu ao aprender a falar. Não fosse o conceito de conceito, e a distinção entre crenças e conceitos, tão difícil e tão enigmática por suas controvérsias, eu diria que faz parte do conceito de dor o fato de ela não poder se localizar em um bolso. E, de todo modo, alguns conceitos guardam em si um conhecimento empírico acumulado e estabelecido. Mas certamente não é plausível que, ao longo de muitos séculos, a humanidade tenha descoberto e firmemente estabelecido que a dor não pode ocorrer no bolso de uma pessoa. Ou que tenha descoberto que não é possível enviar nossa dor a outra pessoa. Sentado no mesmo lugar onde você já esteve, eu descobri que sinto uma dor que você já sentiu. Mas não descobri, no mesmo sentido, que elas são literalmente uma e a mesma dor, a qual você sentiu ontem e que hoje migrou para mim.

Parece, entretanto, que há uma importante diferença entre aprender que as dores vêm e vão, que comprimidos às vezes as mitigam, que elas estão frequentemente associadas a lesões, que danos em algumas partes do corpo podem fazer alguém perder o juízo, e aprender que elas não podem ocorrer no bolso de alguém. A impossibilidade expressa, quando se diz que não se pode ter sensações, caso o sistema nervoso sofra certas lesões, é diferente de um outro tipo de impossibilidade expressa, quando se diz que não se pode ter dor no bolso. Estas não são duas formas do mesmo tipo de impossibilidade, salvo ser a segunda mais fortemente estabelecida. Em relação à primeira, faz sentido cobrar evidências e, mesmo se um cabeça-dura resolvesse negá-la, ainda seria possível identificar a acumulação histórica da evidência até que ela se tornasse conclusiva e, a partir disso, tão bem estabelecida a ponto de se alçar acima da dúvida racional. Não faz sentido, porém, avaliar agora a acumulação histórica da evidência que coloca acima de qualquer dúvida razoável o fato de as pedras não sentirem dor. Afora o que se diz sobre o animismo, nada em nossa história intelectual — recheada de crenças religiosas, mitos e superstições — sugere que tenhamos evoluído da ideia de que talvez as pedras sintam dores para a certeza de que elas não as sentem.

Nossa incapacidade de duvidar que outros humanos e animais sejam razoáveis é mais parecida com a incapacidade de Katie de levar a sério o meu argumento de que ela deveria estar aberta à possibilidade de eu estar com dor no bolso do que com a nossa incapacidade de levar a sério a afirmação de que a Terra é plana ou de que, até recentemente, Elvis trabalhava para CIA.

Em uma das passagens mais radicais da história da filosofia, Wittgenstein pensou:

"Acredito que ele esteja sofrendo" — Será que também acredito que ele não é um autômato?

"Acredito que ele não seja um autômato", do modo em que está até aqui, não faz sentido.

Minha atitude perante ele é uma atitude perante uma alma. Eu não sou da *opinião* de que ele tem uma alma.

Nenhuma leitura deve ser feita do uso de Wittgenstein para a palavra "alma" (*seele*). Ele se refere a nada mais que um ser com ideias e sentimentos. Refere-se a uma vida interior, com certeza, mas não do mesmo modo como nos referimos quando falamos de uma vida interior com possibilidades mais profundas ou mais superficiais. Seu argumento se baseia no fato de eu não poder duvidar, em termos gerais, de que os outros sejam seres sensíveis, mas isso não acontece porque eu sei que eles são. O comportamento (lado a lado com as circunstâncias de sua ocorrência) conta como uma evidência da existência de estados psicológicos de uma pessoa, somente sobre bases (em circunstâncias normais) em que ninguém poderia seriamente duvidar de que ela é uma pessoa com ideias e sentimentos. O que pode nos ajudar a entender a posição de Wittgenstein é pensar na "atitude" (*einstellung*) em um dos seus mais antigos significados, como aquele que se refere à atitude do ponteiro da bússola. Pense em nós como se fôssemos modulados, por assim dizer, em respostas interacionais às formas da expressividade do corpo vivo. Ou melhor, pense, de acordo com a sugestão do filósofo inglês Peter Winch, em Marlene Dietrich cantando "Falling in Love Again", em que a letra em alemão diz: "*Ich bin von Kopf zu Fuss auf Liebe, eingestellt*" ("Estou pronto para o amor da cabeça aos pés"). A partir de tal '*einstellungess*' desenvolvemos os conceitos que marcam várias formas de consciência, inclusive os conceitos de crença e certeza.

É preciso tomar cuidado para não tratarmos o reconhecimento imediato de outros com base na suposição de que eles têm uma mente. Suposições envolvem questões sobre sua justificativa. O problema não está no fato de elas se mostrarem injustificáveis quando questionadas ceticamente. Mesmo quando respondemos confiantes e com base em uma justificativa para sustentar a suposição, entramos num terreno comum aos céticos, ao pensar que nossa certeza não hesitante é um tipo de conquista cognitiva que se procura, mas que se suspeita ser impossível. Ao agir assim, ao achar que podemos entrar no terreno dos céticos e ainda refutá-los — e não há outro terreno em que algo *vá contar como refutação* —, distorcemos o papel do nosso comportamento no nosso entendimento de nós mesmos e dos outros. "Que mais nos oferece tanto quanto a ideia de que seres vivos, coisas, podem sentir?", pergunta Wittgenstein. Sua resposta é que nada nos oferece tanto quanto a ideia, pois não se trata de ter uma ideia. Não é uma suposição, uma conjectura, ou uma crença, e nem mesmo um saber.

Baseado em Wittgenstein, Peter Winch se refere a muitas das formas de uma atitude voltada para a alma como uma "reação primitiva". Em seu ensaio *"Eine Einstellung zur Seele"*, relançado em seu livro *Trying to Make Sense*, ele argumenta que essas reações são uma condição e não uma consequência da atribuição de estados de consciência a outros. Tais reações — respostas variadas às condutas da forma humana — são, em parte, constituintes daqueles conceitos com os quais descrevemos as formas da expressividade corporal — gemidos, sorrisos, caretas, e assim por diante. São os conceitos com os quais descrevemos o que normalmente chamamos de "comportamento", todas as inflexões que acompanham a noção de "linguagem corporal", e que fazem a distinção entre comportamento e "movimento corporal sem cor". Olhar no rosto de uma pessoa enquanto se cuida de sua ferida é um exemplo de atitude voltada para a alma. Essa observação radical de Wittgenstein faz surgir o quase irresistível pensamento de que, ao reagirmos aos outros, reagimos a pessoas — assim como a "outras mentes" —, pois sabemos, acreditamos ou supomos que elas têm estados psicológicos mais ou menos como os nossos.

As observações de Wittgenstein tratam de respostas entre seres humanos, mas temos todas as razões para acreditar que exatamente os mesmos argumentos se aplicam à resposta de seres humanos para animais, e (até certo ponto) à resposta de animais para seres humanos. Não há razão para pensar que formamos o conceito de intenção, por exemplo, primeiramente em sua aplicação em seres humanos para, em seguida, aplicá-lo em animais, quando, por exemplo, vemos um cachorro correndo atrás de um gato. É isso que pressupomos, quando falamos de antropomorfismo — que aplicamos ilegitimamente em animais conceitos de estados de consciência que legitimamente desenvolvemos em relação a seres humanos. Mas tais conceitos, eu mesmo sugeri, são formados, ao mesmo tempo, em resposta a animais e a seres humanos. Esta é a razão mais profunda para se explicar por que não é antropomórfico dizer que Gypsy quer isso, ou acredita naquilo, ou espera isso assim, assim.

Quando os cães respondem a nossos humores, prazeres e medos, quando eles se antecipam às nossas intenções, ou esperam ansiosos para saber se vamos levá-los para um passeio, eles não supõem que somos seres sensíveis e com intenções. Imagino que tenha sido assim também conosco em estágios primitivos. A partir dessas interações não hesitantes entre nós e entre nós animais, não se desenvolveram crenças, suposições e conjecturas sobre a mente, mas sim os nossos próprios conceitos de pensamento, sentimento, intenção, crença, dúvida, e assim por diante. Com um entendimento equivocado sobre essas coisas, fascinados por uma imagem de nós mesmos como espectadores certos de nossas próprias mentes, interpretamos mal a história natural do desenvolvimento do nosso conceito de mente. Construímos a ficção de que, em certo ponto do desenvolvimento intelectual, fomos obrigados a nos afastar de nossas suposições de que os outros têm uma mente e procurar evidências a respeito. Somente então, assim entendemos, nos tornamos dignos de hospedar o dom da razão. É uma narrativa edificadora, mas creio que se trata de ficção.

O cético está parcialmente certo. Gypsy urrando na rua Acland não nos dá evidências para justificar a completa ausência de dúvida sobre ela ser uma criatura sensível. Nem ela, nem ninguém, nem nada. Está errado, porém, ao concluir que nossa certeza não tem embasamento suficiente, independentemente do grau de refinamento de nossos objetivos intelectuais, pois isso pressupõe que ela devesse estar bem fundamentada. Seus urros nos davam evidências de que ela sentia dores terríveis. Mas as evidências existem apenas porque não há espaço para duvidar-se seriamente do fato de ela ser uma criatura sensível. Se alguém duvidar disso, seus urros e os urros de um milhão de cães não seriam suficientes para convencê-lo. E as coisas não são diferentes com seres humanos. Eu pude ver a dor terrível no rosto daquela senhora caída na rua Acland e pude ouvi-la em sua voz, mas se levantarmos a dúvida sobre ela ou qualquer outro ser humano, exceto eu mesmo, ter sensações, então toda a expressividade do corpo e da voz não significaria nada para mim. Nossa certeza não tem evidências — é *completamente* desprovida de evidências — e não é pior por causa disso.

O que é, então, o mistério que mencionei quando disse que, às vezes, quando observo Gypsy deitada no tapete a olhar o mar, me surpreendo com sua alteridade misteriosa? Por que, então, neguei minha surpresa com o mistério da consciência animal? "Consciência" é uma palavra para ser mal utilizada. Se há um mistério da consciência, será o mistério metafísico sobre como pode haver tal coisa em um mundo material. Mas, como já disse algumas vezes, não tenho dúvidas de que, às vezes, Gypsy acha que está na hora de comer, deseja sair para passear, às vezes está feliz e outras vezes sente-se miserável. Se a palavra "consciência" tem algum significado, então eu não tenho dúvidas de que Gypsy é um ser consciente. Também tenho certeza de que ela não é um ser reflexivo. Sobre outras coisas não tenho certeza. Não sei se ela delibera meios para atingir fins, mas essa incerteza não gera nada além de um leve dar de ombros. Aquilo que gera minhas incertezas parece ser incapaz de esclarecer o mistério. Para mim, o mistério não é o mistério como o mundo se apresenta a ela, um mistério sobre sua subjetividade, sobre o que é ser um cachorro, em seu interior.

Às vezes, quando paro para pensar na facilidade com que Gypsy se sente à vontade em casa, ou na maneira como ela se senta ao meu lado, junto à mesa da cozinha, pacientemente esperando ganhar alguma coisa para comer, ou se deita sobre o tapete em meu escritório, ou se apronta para sair junto comigo tão logo percebe que eu desliguei o computador, me admira que um cachorro seja parte de nossa família. Quando saímos para passear e eu vejo outras pessoas na praia com seus cães, também me surpreendo com essa relação tão extraordinária entre seres humanos e cães. Não é por acidente que muitos criadores de desenhos animados viram em cachorros e seus donos um bom assunto para seus trabalhos.

Em parte, esse maravilhamento se refere a espécies tão diferentes serem capazes de interagir de modo tão complexo. Minha surpresa não diz respeito à maneira como essa interação surgiu, mas ao fato de ela ser como é. Apesar de maravilhosa, essa relação ocorre entre muitas outras espécies. Ficamos encantados quando a vemos surgir entre cães e gatos, aves e crocodilos, e também ficamos atônitos quando a vemos surgir entre uma serpente e sua presa. Soube do envolvimento entre uma serpente e um rato após este ter sido apresentado a ela depois da sua refeição. Em lugar de comer o rato, ela preferia morrer de fome. Por mais maravilhoso que seja, o maravilhamento não expressa o que vejo de misterioso na relação de Gypsy com a nossa família, pois esta relação não é totalmente caracterizada como uma relação entre indivíduos de diferentes espécies.

Às vezes, quando a vejo sobre o tapete do quarto ou da cozinha, ou noto a naturalidade com que ela circula pela casa, experimento o tipo de fluxo perceptual que ocorre quando vejo primeiro uma figura, depois a outra em um desenho ambíguo. De toda maneira, ela é parte da família e participa de modo inteligente e com um sentimento complexo de nossas vidas. Mas aí ela faz alguma coisa — persegue um gato, por exemplo, com seu instinto assassino à flor da pele — de natureza tão profundamente instintiva, que ela se mostra totalmente animal, de um modo que nos convida a usar um A maiúsculo. Seres humanos também matam, é claro, e de formas piores do que as que os animais são capazes de utilizar, muitas vezes chegando a saborear, revelando o que Nietzsche chamou de "festival de crueldade". Mas é a aparente ausência de uma dimensão psicológica no impulso de Gypsy para matar que se torna tão perturbadora e que a faz parecer tão *outra*, um ser tão diferente do que somos. As ocasiões para tais mudanças perceptuais — de tê-la como uma de nós, como um membro da família, a vê-la totalmente como o outro em sua natureza animal — nem sempre são dramáticas. A visão de Gypsy farejando a urina de um outro cão é capaz de ocasioná-la. Ou sua imagem com um olhar perdido no espaço, claramente sem nenhum pensamento a ocupar-lhe a cabeça. Ou ainda, como Yael uma vez apontou, "a visão dessa coisa com um rabo a passear pela casa".

Gypsy Envelheceu

ypsy envelheceu. Seu belo colorido esmaeceu e agora ela está grisalha. Seus olhos parecem leitosos, ela já não enxerga bem e está quase totalmente surda. Passa ainda um espírito jovial quando algumas pessoas, ao vê-la a correr pelo parque, pensam estar diante de uma cadela jovem. A verdade, porém, é que ela sente a idade na alma e no corpo. Isso ficou claro para mim quando passávamos diante de uma casa guardada por um jovem e desesperadamente neurótico border-collie, que latia para tudo e para todos. Um ano antes, Gypsy dera àquela irritante criatura o castigo merecido, mordendo-lhe o nariz surgido abaixo do portão principal. Agora ela aperta o passo sempre que se aproxima do portão, de modo a vencer aquele trecho o mais rápido possível. Numa ocasião, o latido repentino e agressivo me assustou, mesmo já estando esperando por ele. Gypsy passou-me a frente e olhou-me de lado, como a expressar humilhação, vergonha e uma pergunta, "Você também?"

Não posso jurar que seu comportamento tivesse mesmo esse tom interrogativo. Também não vou insistir na sugestão de que ela parecia sentir-se humilhada, pois isso traria dificuldades óbvias, embora não insuperáveis. Mas atormenta-me não saber explicar seu comportamento e a maneira como ela me olhou. Meu problema não é o mesmo de como seria se eu não soubesse descrever um olhar humano. Se Yael olha para mim de uma certa maneira, estaria ela embaraçada ou irritada? É possível que eu jamais descubra. Ela pode não saber. Mas pergunto porque sei que ela pode estar — ela é do tipo que pode — se sentindo de um modo ou de outro.

O meu problema não diz respeito a eu não saber se o comportamento de Gypsy poderia estar estruturado no modo interrogativo. Algumas vezes, isso parece óbvio, seu corpo vibra uma pergunta. Vamos passear? Você vai me dar comida? Também não duvido de que algumas vezes compartilhamos prazeres e ansiedades. Às vezes, por exemplo, ela sente um grande prazer em saber que está dividindo um momento com algum de nós. Quando estamos trabalhando, eu no galpão com as minhas ferramentas e ela ocupando sua boca com qualquer coisa que venha a encontrar por ali, sentimos o enorme prazer de estarmos desfrutando a companhia um do outro, um prazer intensificado pela consciência do sentimento compartilhado e pelo fato de estarmos fazendo alguma coisa juntos. Ela olha para mim e tenta descobrir o que pretendo fazer, e, tão logo encontra uma pista, decide por algo que se afine com o meu propósito. Minha dificuldade em descrever o comportamento de Gypsy naquele olhar de soslaio diante do portão está na minha tentativa de dizer que ele expressa sua consciência de nossa mortalidade.

Dez ou mesmo cinco anos atrás, o latido repentino e agressivo de um cachorro que eu sabia estar seguro atrás do portão jamais me assustaria. O fato de isso ter acontecido quando eu já estava nos 50 é, suponho, em parte uma função do mesmo processo biológico que faz com que Gypsy, por instinto, agora passe furtivamente pelo portão. Embora ela ainda tenha um porte que evoca admiração nas pessoas que passam por nós na rua e embora ainda assuste carteiros e entregadores de gás, a diferença de sua musculatura para a de um cão jovem é clara e surpreendente. Ela entende a diferença e sabe das consequências, caso decida ignorá-las. Em seres humanos idosos, essa consciência instintiva de enfraquecimento e vulnerabilidade progressivos é transformada pela consciência da mortalidade. Seria assim também com os animais?

Ultimamente, tem sido comum eu olhar para Gypsy e me entristecer com a consciência do seu curto tempo de vida. Para mim, o páthos de sua condição é ainda maior, pois ela não sabe que vai morrer. Quer dizer, quando ela se deita ao lado da mesa, ou sobre o tapete da cozinha ou do escritório, ela não sabe que a morte a espera. Sobre isso me expresso cautelosamente, pois temo ser mal-entendido. Em seu livro *The Lives of Animals*, J. M. Coetzee dá essa voz à sua protagonista, Elizabeth Costello — uma mulher levada à beira da loucura pelo horror à nossa incompreensão do sofrimento e da desonra que impingimos aos animais. Ela fala em resposta a um filósofo que disse, como tantos outros, que os animais não têm consciência da própria morte e, portanto, não podem temê-la, já que não possuem os conceitos — de ser ou de futuro, por exemplo — necessários ao desenvolvimento dessa consciência.

Uma pessoa que ache que a vida tem menos valor para os animais ainda não teve em seus braços um animal lutando contra a morte. Todo seu ser se lança à luta sem parcimônia. Quando se diz que sua luta não tem a dimensão do horror intelectual ou imaginativo, eu concordo. Não é do feitio do animal sentir o horror intelectual: todo seu ser está na carne viva.

Se não sou capaz de convencer, é porque essas minhas palavras não têm o poder de deixar clara a totalidade, a natureza não abstrata e não intelectual do ser animal. Por isso, recomendo veementemente a todos que leiam os poetas que devolvem o ser vivo, o ser elétrico, à linguagem; e, se ainda os poetas não forem capazes de os convencer, recomendo que caminhem lado a lado — com os flancos emparelhados — de um animal tangido ao encontro de seu executor.

Você afirma que a morte não tem importância para o animal, pois o animal não entende a morte. Faz lembrar-me de um dos filósofos acadêmicos que li quando preparava a aula de ontem. Foi uma experiência deprimente. Fez despertar em mim uma resposta claramente swiftiana. Se isso for o melhor que a filosofia humana pode oferecer, disse a mim mesmo, prefiro viver entre cavalos.

É uma passagem bonita, com a qual meu pensamento está em profunda harmonia. As palavras de Coetzee não convencem, é claro, o tipo de filósofo zombado na passagem. Nem deveriam. Os devaneios dos filósofos são alvos fáceis de zombaria, mas, como já observei antes, às vezes, eles vão fundo. Apenas com um longo e árduo esforço sobre os problemas fundamentais da filosofia é possível entender, assim eu vejo, como é fácil mesmo para o maior de todos os filósofos poder falar bobagens sem nem de longe se dar conta. Mas é verdade que as dúvidas que eles levantam podem ser tão radicais que se torna difícil acreditar que elas possam seriamente ocupar-lhes o tempo. Dúvidas sobre os cães terem um conceito particular rapidamente levam a dúvidas sobre eles terem quaisquer conceitos. Se não os têm, então alguns filósofos dizem que eles não acham nem mesmo esperam que esteja chegando a hora de comerem, pois não possuem um conceito de comida. Ansiosos por evitar este ceticismo tão radical, outros filósofos dizem que os cães têm conceitos, mas conceitos caninos. Mas nem o ceticismo radical nem a crença em conceitos caninos são uma posição feliz, e este fato deve gerar suspeitas de que o problema pode estar em uma ou mais suposições que as duas posições compartilham. Talvez seja a suposição de que, se um cachorro pode pensar ou esperar ou desejar que a hora da comida esteja chegando, então ele tem conceitos.

Coetzee parece desafiar essa suposição. Também desafia suposições sobre a conexão entre nosso entendimento sobre o corpo de um animal e seu comportamento, e a nossa presteza em dizer que os animais acreditam nisso ou acham aquilo. Ele pede que atentemos ao papel que o *corpo vivo*, o corpo de carne e sangue, tem na construção de nossos conceitos, inclusive conceitos de crença e saber. Como Wittgenstein, ele parece acreditar que não entendemos bem a importância das infinitamente sutis inflexões e maneiras do corpo, ou suas diversas formas de expressividade, ao tomá-las apenas como base para atribuições hipotéticas de estados de consciência a animais. Em vez disso (eu o incentivaria a sugerir), elas parcialmente determinam o significado de palavras como "saber" e "crença", "esperança" e "medo", e assim por diante, em nossas vidas com a linguagem — linguagem, Coetzee destaca, da maneira como é usada de forma disciplinada na literatura e explicitada na vida imaginativa com os animais.

Nossas maneiras de falar sobre saber e crença não foram formadas de pronto e por completo apenas em nossas vidas entre seres humanos, para depois serem usadas conjecturalmente em relação a animais. Formaram-se conjuntamente em nossas vidas com os animais. Apenas parte dessa vida com os animais — e uma parte de fato artificial — é estudo científico sobre eles. As interpretações filosóficas dadas às maneiras como falamos de animais — pense no que é filosoficamente importante, "Então você acha que animais têm pensamentos" — são frequentemente abstraídas de nossa vida imaginativa ao lado deles e insuficientemente conscientes do papel dos seres vivos na real *formação* desses conceitos. Espero não estar vendo, além da conta, Wittgenstein em Coetzee. Se assim parecer, entenda o que eu disse como mera elaboração filosófica sem compromisso exegético sobre o que achei surpreendente na passagem citada. Elaboração não é defesa, é claro, mas essa elaboração, que expõe suposições despercebidas, pode enfraquecer a tendência de pensar que Coetzee vai além do limite.

O páthos, que me faz ver Gypsy como criatura mortal que não sabe da própria morte, não entra em conflito com nada do que citei de Coetzee, nem com nada do que elaborei na explanação sobre o que acredito ser sua base filosófica. Não quero dizer simplesmente que animais sabem que vão morrer ou não sabem que vão morrer. As ocasiões em que devo concordar que animais sabem que vão morrer estão restritas, acho eu, a situações do tipo que Coetzee descreve na passagem citada e ainda mais enfaticamente em seu romance *Desonra*:

Todo seu ser está tomado pelo que se passa na sala de cirurgia. Ele está convencido de que os cães sabem que a hora da morte os espera. Além do silêncio e da analgesia do procedimento, apesar dos bons pensamentos de Bev Shaw e dos bons pensamentos que ele tenta ter, apesar dos sacos fechados a vácuo nos quais eles envolvem seus corpos, os cães lá no quintal sentem o cheiro do que está acontecendo lá dentro. Eles murcham as orelhas, deixam pender a cauda como se também sentissem a desgraça da morte: com as pernas travadas, precisam ser puxados ou arrastados ou carregados porta adentro. Sobre a mesa, alguns latem para um lado e para o outro, outros uivam melancolicamente e nenhum deles olha diretamente para a agulha na mão de Bev, que — de algum modo eles sabem — irá causar-lhes um mal terrível.

É a consciência à beira da morte e, acima de tudo, é conhecimento prático imputado pela maneira como os animais reagem diante do perigo. Minha presteza em reconhecer que os cães podem saber quando estão para morrer em circunstâncias como as que Coetzee descreve, ou que também os gatos o sabem quando "saem para morrer", é uma função do fato de que, nessas circunstâncias, a inteligência de um animal está inteiramente ativa, seu entendimento é inteiramente prático. Gypsy acredita que Yael está chegando em casa quando ouve o barulho do carro e corre para a porta dos fundos, mas, quando está deitada em seu tapete, ela não pensa em quando Yael vai chegar ou se vai se atrasar novamente. Se é correto dizer, às vezes, que ela tem consciência da morte, não é correto dizer que ela pode especular sobre quando isso vai acontecer, ou pensar sobre a morte ser inevitável, ou se seria melhor ou pior viver para sempre.

Admita-se, no entanto, para sustentar o argumento, que o olhar de Gypsy — aquele que parecia perguntar "Você também?" — expressava não apenas sua consciência sobre a própria vulnerabilidade, mas também a sua consciência prática sobre a morte. Tudo isso, acho eu, está de acordo com a distinção feita entre a consciência prática e o entendimento reflexivo da morte. Mas sinto-me também tentado a dizer que o olhar de Gypsy estava saturado de seu senso sobre o páthos de nossa mortalidade compartilhada. Foi assim comigo, quando percebi seu olhar e respondi a ele. Contudo, jamais poderia ser assim com ela.

Mortalidade é uma palavra com profundas ressonâncias que falam não somente ao fato de morrermos como todas as coisas vivas, mas também, talvez particularmente dentre todas as coisas vivas, ao fato de termos a consciência constante de que vamos morrer. Essas ressonâncias falam ao fato de que refletimos sobre a inevitabilidade de nossa morte e sobre nossa consciência de sua existência, e daí, é claro, sobre nossa fuga dessa consciência. Se a morte não fosse problemática para nós, se não trouxesse imediatamente perguntas sobre seu significado em nossas vidas, nunca teríamos falado sobre nossa mortalidade com tônicas de pesar e dó, e mal nos reconheceríamos.

Haja vista que animais não têm a consciência reflexiva da morte, eles não podem temê-la e, se pudessem, não seriam capazes de encontrar conforto no fato de não estarem sós na imortalidade. É um fato claramente básico à vida humana sermos consolados pela consciência de que outros sofrem como nós e devem morrer como nós. À primeira vista, isso pode parecer um consolo insípido, conquistado a partir do prazer na miséria dos outros. Na verdade, não é, ou, de modo geral, grande parte não é. Somos criaturas que buscam ter entendimento de nossas vidas, e o entendimento que temos jamais é inteiramente privado. Nosso entendimento sobre nossas próprias vidas é sempre, em grande parte, o entendimento que desenvolvemos sobre a condição humana. A necessidade de entendimento sobre a morte é obviamente guiada não apenas pela resposta ao sofrimento de alguém, mas também por uma necessidade mais geral de entendermos o que significa viver uma vida humana e o que a morte nos ensina sobre este significado.

A morte é tão fundamental para nosso entendimento sobre quem somos que, somente quando a contemplamos a sério, conseguimos compreender algo sobre nós mesmos. Mesmo que as pessoas pensem seriamente sobre a morte apenas quando estão para morrer, elas devem pensar no fim da vida como algo que vem para todos nós, e não apenas como algo que afeta a todos, algo como parte *definidora* de nossa condição humana. Hannah Arendt disse que os gregos antigos achavam que a morte era tão importante para a definição de humanidade que chamavam os seres humanos de "Os Mortais".

Nenhuma distinção, acho eu, é mais fundamental em nosso julgamento sobre nós mesmos e sobre nossas vidas do que a distinção entre realidade e aparência. Amamos realmente ou o que sentimos é simplesmente uma falsificação de amor, uma paixão boba? Estamos realmente tristes ou apenas sentimentalmente nos satisfazendo a nós mesmos? Encaramos a morte de maneira corajosa e lúcida ou simplesmente encontramos falso consolo na esperança sobrenatural ou em uma poesia de segunda classe? Dinheiro e status realmente interessam? E assim por diante. Essas são perguntas sobre o significado da vida — não necessariamente sobre o significado da vida, mas sobre o significado simplesmente. Somos criaturas que precisam de significado. Victor Frankl, que inventou a logoterapia após ser libertado de um campo de concentração nazista, escreveu repetidamente que sua experiência como psiquiatra ensinou-lhe que as pessoas precisam de significado e que elas o perseguem mais desesperadamente do que perseguiriam a felicidade. Algumas pessoas debocham dessa necessidade. Dizem que aqueles que o almejam estão centradas no próprio umbigo. A maioria debocha apenas enquanto se vê livre de aflições.

Às vezes, no entanto, as pessoas debocham porque erradamente acreditam que a necessidade do significado é a necessidade de acreditar que a vida tem um sentido externo. É, de fato, surpreendente a quantidade de pessoas que parecem pensar que as perguntas relativas ao significado da vida devem se resumir em uma pergunta sobre a vida ter ou não um sentido externo. Um sentido em si nada responde sobre significado, pois alguns sentidos são verdadeiramente terríveis. Wittgenstein colocou as coisas mais genericamente ao perguntar por que as pessoas acham que uma vida após a morte deve resolver os problemas da vida ou trazer um significado para ela. Por que o significado da próxima vida não poderia ser tão problemático quanto o significado desta vida? Sócrates parece ter tido um pensamento parecido quando disse aos juízes que o condenaram à morte que pretendia fazer em sua próxima vida exatamente o que havia feito nessa: formular para si mesmo e para os outros uma pergunta sobre como se deve viver.

Porém, ao falar de um significado na vida, não estou me referindo tampouco a um sentido na vida em lugar de um sentido para a vida. De fato, para exagerar um pouco, eu diria que o significado começa quando a preocupação com o sentido fica em segundo plano ou mesmo cessa. Quando alguém está preocupado com a verdade sobre seu passado, mas não tem nenhuma preocupação especial com a utilidade disso para seu futuro, então essa pessoa está preocupada com o significado do passado, com o significado que ele tem para sua vida. Quando alguém se recusa a viver uma mentira, independentemente das consequências, essa pessoa está preocupada com o significado na forma como eu o coloco aqui.

Nada na natureza da realidade exige que pensemos sobre essas coisas, mas uma vida que não tem respostas para essas preocupações nos é quase irreconhecível como vida humana plena. É difícil imaginar alguém que realmente não dê importância para o que uma traição de seu amor poderia mostrar sobre o significado de seu passado, ou alguém que verdadeiramente não ligue para saber se seu amor é real ou se não passa de uma simples paixão sem consistência, ou que nunca tenha sentido medo e confusão diante da morte. Não há qualquer confusão metafísica em pensar que essas são perguntas e preocupações relacionadas ao significado da vida, e não necessariamente a preocupação com eles expressam um gosto pelo sobrenatural.

Platão disse que nós, seres humanos, caracteristicamente confundimos o necessário com o bom. O que ele quis dizer foi que temos uma tendência a tratar como fonte de valor as coisas que se tornaram necessárias para nós, pois sem elas nossas vidas pareceriam não ter significado. São as coisas às quais dedicamos quase toda a nossa energia quando a morte parece distante — dinheiro, status, carreira, e assim por diante. Confundir o necessário com o bom é um tipo de expressão prática do que se acredita ter valor absoluto — como aquilo a cuja luz tudo mais é julgado — e que, de modo geral, difere daquilo que se diz realmente importar. Mas, na hora da aflição, as pessoas frequentemente reavaliam o que realmente importa. Deixam implícito e, às vezes, dizem diretamente que devemos acreditar em nosso entendimento sobre o que importa, apenas se o virmos à luz de um entendimento lúcido sobre nossa mortalidade. Esse tipo de lucidez é conhecimento no coração e até nos ossos. Nem mesmo os jovens negam ser mortais, mas todos compreendem o que queremos dizer quando falamos que eles o sabem apenas em suas mentes. Por essa razão, achamos que talvez eles não sejam sábios, já que a sabedoria pertence somente àqueles que sabem em seus corações que somos mortais e que a qualquer momento a sorte pode nos privar de tudo que dá sentido a nossas vidas.

Hannah Arendt disse que a razão pela qual os gregos achavam que os seres humanos eram os únicos mortais deve-se ao fato de que eles acreditavam que apenas os humanos têm o tipo de individualidade para capacitá-los a transcender suas próprias características como espécie. Animais, que não podem transcender as características de sua espécie, têm, achavam eles, um tipo de imortalidade. Ela está apenas parcialmente certa sobre os gregos, na minha opinião, mas deixemos isso de lado. O pensamento que ela lhes atribui é surpreendente e profundo. Seres humanos são indivíduos de um modo que nada mais daquilo que conhecemos na natureza é.

Pelo menos, quatro distinções devem ser desenhadas na forma como consideramos a individualidade humana. Em primeiro lugar, somos indivíduos apenas porque somos numericamente distintos de outras criaturas e coisas. Em segundo lugar, somos indivíduos porque temos características e histórias diferentes. Em terceiro lugar, somos indivíduos porque algumas características que nos distinguem de outros são surpreendentes, fazendo com que alguns de nós se tornem personalidades cheias de cor. Esse terceiro tipo de individualidade é, por vezes, celebrada no liberalismo político. Mais fundamental do que qualquer um desses tipos de individualidade, no entanto, é a individualidade que expressamos quando dizemos que cada ser humano é único e insubstituível, de um modo que jamais pode ser explicado com apelo a características individuais, e não apenas para aqueles que se interessam por ele, mas únicos e insubstituíveis, e ponto final. Essa individualidade não se manifesta na celebração da diferença, mas em nossa incompreensível necessidade por alguns seres humanos em particular. A celebração da diferença pode apelar à razão e à moralidade, mas pode também causar-lhes ofensa. Depende das diferenças que são celebradas. Mas a insubstituibilidade de seres humanos em nossos afetos e relações, sem razão ou mérito, tem causado ofensas a moralistas desde os primórdios do pensamento.

De certa forma, os animais compartilham esse tipo de individualidade conosco. Eles também criam laços afetivos com outros animais ou com humanos, e alguns animais se ressentem da morte de outros ou da morte de humanos. Já que eles participam de nossas vidas e solicitam nossa lealdade e afeto, depositamos neles, de uma maneira atenuada, o tipo de individualidade que em sua forma plena é específica do ser humano. Damos a eles nomes, por exemplo, embora muitas vezes nomes de animais (Gypsy é um belo nome para uma cadela, mas eu sempre acho graça quando o veterinário a chama de Gypsy Gaita). Mas quando os cães não têm nome ou perdem seus nomes e recebem números de identificação em abrigos de animais, não reagimos como reagiríamos caso um ser humano perdesse seu nome e recebesse um número. É sempre degradante para seres humanos terem seus nomes negados.

A natureza atenuada desse tipo de individualidade em animais talvez esteja mais clara no fato de não escrevermos biografias de animais. Uma personagem, em uma história de Isak Dinesen, disse: "Você pergunta quem ele era. Vou responder de maneira apropriada para o momento. Vou contar uma história". Isso é possível apenas porque o conceito de vida, e como surge na ideia de uma história que apresenta uma identidade distinta — quem é uma pessoa além das coisas que ela conquistou —, é o que queremos dizer quando falamos que uma pessoa arruinou sua vida, ou tomou um caminho errado, ou descobriu que a vida não tinha sentido, ou que nela encontrou razão para a alegria e a gratidão. Rush Rhees afirmou que nada disso pode ser dito em relação à vida dos animais. Contamos histórias sobre animais, como neste livro, mas essas histórias não chegam a ser uma biografia, pois nada do que se conta aqui pode significar o que Orloff ou Gypsy ou Jack, a cacatua, fizeram ou deixaram de fazer com suas vidas, ou o que a vida fez com eles. A vida não lhes apresenta privações ou oportunidades. Eles não sentem regozijo ou desespero.

Isak Dinesen disse que "todos os pesares podem surgir, se você os coloca em uma história ou se ignora algo fundamental. Podemos sentir algum conforto por nossos sofrimentos serem compartilhados, mas também é um fato básico o nosso medo da morte ser primitivo e estar além do alcance do poder reconfortante de histórias e poemas. Nosso medo primitivo da morte é visto como o mesmo medo que percebemos nos animais. Alguns de seus aspectos são semelhantes; negá-lo seria o mesmo que negar nossa criaturidade, mas um de seus elementos é indiscutivelmente humano, pois é inextricavelmente ligado ao fato de que há algo misterioso sobre o desaparecimento da personalidade humana. Nenhuma história natural sobre o que acontece com o corpo e nenhuma história sobrenatural sobre a sobrevivência da alma podem diminuir esse mistério e a dor que a ele se associa.

Não podemos saber quem somos, ou conhecer a identidade que nos distingue de outros, sem um entendimento sobre o que temos de comum uns com os outros. Mas, do mesmo modo, em sua aplicabilidade a seres humanos, os conceitos que identificam o que temos em comum exigem nosso pleno reconhecimento sobre cada um de nós sermos únicos e insubstituíveis — únicos de uma forma que nada mais na natureza é.

Esse tipo de individualidade não é uma característica objetiva de pessoas e animais como são as características individuais. Algumas pessoas são inteligentes, outras são estúpidas; alguns são amáveis, outros, desagradáveis; alguns têm bom coração e outros são maliciosos, uns são pessimistas, enquanto outros são otimistas. Embora algumas características não sejam objetivas do mesmo modo que a altura ou o peso, elas dão significado à afirmação de que tratamos as pessoas de maneiras diferentes *porque elas são* diferentes entre si. Sabemos a que recorrer na hora de justificar essa afirmação. Mas, se alguém disser que tratamos as pessoas como únicas e insubstituíveis *porque elas são* únicas e insubstituíveis, a que essa pessoa recorreria? Parece não haver resposta.

É estranho e perturbador que algo tão importante ao nosso entendimento da vida humana, e até certo ponto da vida dos animais, possa parecer objetivamente infundado. É, portanto, uma tentação dizer que as pessoas são insubstituíveis apenas porque achamos que elas são. Ainda não apontei a conexão entre este tipo de individualidade com a nossa discussão? O problema, no entanto, é que isso não é o que queremos dizer. Dizemos apenas que seres humanos são únicos e insubstituíveis, e ponto final. Coisas de todos os tipos podem ser insubstituíveis de modo relativo; são coisas que têm, como costumamos dizer, "valor sentimental" — um anel, ou um livro que nos foi ofertado por uma pessoa em particular, talvez, ou uma casa ou um lugar que teve um papel importante em nossas vidas. Mas alguém é capaz de dizer que alguém tem valor sentimental para sua vida?

A irritação com o assunto sobre a individualidade fez com que Rush Rhees dissesse: "Se querem falar de 'individualidade', tudo bem. Ela parece ser um pouco mais do que 'algo que pode ser amado', acho eu. De qualquer modo, é preciso falar da individualidade em animais e não apenas nos humanos".

Quero responder sim e não a essa questão. Se pensar no amor, tenho mais razões para dizer não. O amor responde por si aos padrões que o distinguem de suas aparições falsas. O amor pode ser puro e pode ser baixo. O próprio Rhees disse que não pode haver amor sem a linguagem do amor. Essa linguagem é uma celebração, mas também é uma crítica. De fato, é uma coisa porque também é a outra. No centro de seu foco crítico está a ideia de que o amor deve responder à realidade independentemente do ser amado — ele deve ser assim para poder ser considerado amor verdadeiro. Isso significa que a pessoa deve respeitar sua faculdade de livre consentimento e precisa tentar entender o modo como vê as coisas. Mas o caráter de tais esforços está condicionado de um lado a outro pela resposta que cada um dá a si mesmo em relação a alguém que é único e insubstituível. Mais adiante, quando for discutir certas formas de difamação racista, vamos perceber que, quando as respostas das pessoas entre si não são condicionadas dessa forma, nada do que elas fazem conta como esforço para o entendimento da realidade independentemente dos outros, para respeitar sua faculdade de livre consentimento ou vê-las plenamente como uma outra perspectiva do mundo. Por enquanto, porém, quero apenas sugerir que, não fossem nossas respostas recíprocas, condicionadas por um sentido de que somos únicos e insubstituíveis, o poder do amor para individuar outras pessoas realmente se assemelharia a seu poder de individuar coisas inanimadas — aquelas a que nos ligamos por razões sentimentais.

Celebrando um ideal daquilo que chamou de "pensador subjetivo", o filósofo Søren Kierkegaard se referiu a "indivíduo" como alguém que viveu sua própria vida e não a de outra pessoa. Kierkegaard falou com admiração, sabendo como é difícil ser essa pessoa, mas também enfatizou que nada contava como uma eterna conquista sua. A obrigação de "se tornar um indivíduo" cai sobre cada um de nós e é uma exigência muito mais importante do que a obrigação, até onde houver, de desenvolver nossos talentos. A nossa própria humanidade, Kierkegaard pensou, definiu-se por essa exigência e, portanto, nossa humanidade seria o custo da incapacidade de fazê-la emergir. Isso pode soar difícil ou mesmo precioso, mas considere: existe alguém para quem não importa caracteristicamente cair num clichê ou na banalidade quando se pensa em questões importantes? Existe alguém para quem não importa que seus pensamentos sejam de segunda mão? Ou para quem não importa que aquilo que se pensa ser amor é verdadeiramente paixão ingênua ou uma das insípidas formas de amor-próprio? Quem, ao se lamentar, não quer lamentar-se autenticamente, em vez de fazê-lo de modo autoindulgente? Quem não ficaria feliz em ser elogiado como uma pessoa a quem os outros podem realmente se dirigir, não no sentido de um confidente desejado, mas no sentido que expressamos quando exclamamos, "Finalmente! Alguém com quem conversar!" Seria possível continuar, e, se uma pessoa o fizer, ela seria capaz de identificar as diversas formas de nossa profunda necessidade de lucidez.

O prazer de "encontrar alguém para conversar" é o prazer da conversa na qual os participantes falam como indivíduos a partir de suas experiências, tendo, de acordo com as palavras de Kierkegaard, "vivido suas próprias vidas e não a de outros". Cada pessoa tem algo a dizer em um sentido que inclui cada um ter encontrado a voz com que falar. O prazer de tal conversa não é o prazer que frequentemente encontramos na novidade ou ao ouvir-mos algo jamais ouvido antes. É especialmente incorreto pensar em personalidades brilhantes, interessadas em se distinguir. Aproveita-se melhor essa perspectiva se pensarmos nas vezes em que dizemos que, embora tenhamos ouvido certas palavras repetidamente, apenas quando fulano ou beltrano as pronunciaram nos sentamos e ouvimos e, pela primeira vez, entendemos seus significados. Essas experiências podem ser transformadoras, mas os conceitos de que precisamos para explicar o porquê são bem diferentes daqueles que articulam o prazer de ouvir novas teorias, ou o charme e o poder de personalidades carismáticas.

Quando percebemos a sabedoria das palavras porque uma pessoa em especial as pronunciou; quando a autoridade da fala ou de exemplos práticos de uma pessoa nos leva a considerar seriamente algo que não havíamos considerado seriamente antes, ou a perceber uma profundidade onde antes não a havíamos notado, então, de modo geral exageradamente e às vezes nem ao menos conscientemente, analisamos criticamente se estávamos certos em termos nos deixado levar dessa forma. Devemos, no entanto, tentar nos certificar de que não cedemos nossa aprovação apenas porque fomos ingênuos ou inexperientes ou sentimentais ou inocentes ou suscetíveis ao páthos — e assim por diante. Tentar a lucidez sobre essas questões é tornar nosso pensamento adequável a um leque de conceitos críticos mais extensos do que aqueles aos quais o pensamento factual corresponde e que são igualmente impessoais, mas de um modo diferente da impessoalidade do pensamento sobre os fatos. É o tipo de impessoalidade que se atinge quando silenciamos fantasias egocêntricas por termos nos submetido às disciplinas com as quais livramos nossos pensamentos da banalidade, de opiniões de segunda mão, do clichê e do sentimentalismo. Naquilo que meramente parece ser um paradoxo, esse tipo de não ser exige que a pessoa se torne um indivíduo realmente sensível às demandas da conversa, alguém que, como Martin Buber, um dos maiores filósofos da conversação, colocou, se tornou um Eu para o Tu de alguém.

Entre os conceitos que marcam o que temos em comum, o conceito da mortalidade é preeminente. Traz em si mais do que o mero fato de que todos morreremos. Fala dessa sina com tônicas de pesar e piedade. É a particularidade e a preciosidade de cada ser humano que dá à nossa morte a significância e a ressonância piedosa que os gregos perceberam quando chamaram os seres humanos de Mortais. A mesma tônica de pesar e piedade se encontra na oração aos mortos no *Livro de oração comum*: "O homem que nasce da mulher tem apenas um tempo curto para viver, e vive cheio de miséria. Ele surge e é ceifado como uma flor. Move-se rapidamente como se fosse uma sombra e nunca se mantém em um só local." A necessidade de reconhecer tanto nossa comunhão como nossa radical individualidade — e o fato de que não podemos reconhecer um sem que haja o outro — cria uma tensão irresolúvel entre a solidão inconsolável e a consolação de nos encontrarmos em comunidade. Essa tensão se aloja no cerne de nossa identidade mortal. A mente apenas jamais poderá compreender. O entendimento se dará somente quando mente e coração estiverem inseparavelmente combinados. Não se trata de um entendimento que possa ser alcançado por alguém temente a emoções. Nem tampouco por alguém cuja vida não tenha sido tocada pelo pesar sentido e reconhecido profundamente.

Certamente, os cães não têm esse entendimento. Caso tenham a consciência prática da morte, não têm a consciência reflexiva da mortalidade. As ressonâncias que se originaram em nossos modos de falar da mortalidade mostram esses modos saturados de reflexão e aparecem com esse conceito, mesmo quando ele é utilizado por pessoas irreflexivas. Mas, devido à individualidade atenuada que Gypsy compartilha com outros animais, eu tenho com ela um laço que se aprofunda por meu pesaroso reconhecimento de que ambos somos criaturas mortais.

A Honra dos Corpos

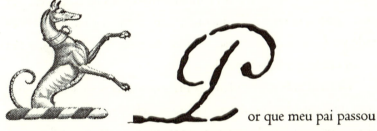

or que meu pai passou o corpo de Orloff por cima da cerca entre o pasto e o nosso quintal para enterrá-lo em casa? Por que ele e eu choramos diante de seu túmulo por alguns minutos? Por que meu pai não despejou Orloff em qualquer lugar longe de casa, de modo que o cheiro de seu corpo em decomposição não nos incomodasse? Os campos não cultivados da Austrália são cheios de ossadas de animais mortos.

O que fizemos por Orloff seres humanos fazem entre si de forma mais elaborada. Não apenas o colocamos em uma cova e o cobrimos de terra pelas diversas razões práticas que temos para fazer isso. Demos a ele um "enterro" e, ao chorarmos diante de sua sepultura, observamos o simples ritual do luto. Mas nada foi dito diante de sua sepultura, não providenciamos uma lápide e não costumávamos acender velas nos aniversários de sua morte. O que fizemos foi uma expressão de quanto Orloff havia se tornado "um de nós", ou até que ponto era parte da família. O fato de termos limitado seu funeral ao que fizemos demonstra a distância entre ele e nós, a distância que expressamos quando falamos de "seres humanos e animais", e quando perguntamos, "Tudo isso por um cachorro?"

Rituais para os seres humanos mortos não apenas são mais elaborados, mas também se estendem por períodos mais longos, às vezes por gerações, observados por filhos e até mesmo netos que visitam suas sepulturas, cuidam delas, relembram os mortos em preces e, de tempos em tempos, chegam a acender velas em memória dos que morreram trinta ou mais anos atrás. Talvez, por essa razão seja tão fácil concordar com a afirmação, apenas metade verdadeira, de que esses rituais são para nós, os vivos, e são assim desde o dia do funeral.

Um entendimento pleno sobre essas coisas só será possível com uma psicologia que leve a sério a ideia do *self*, a forma como ele se constrói e se fragmenta, que comprove o profundo papel que a motivação inconsciente pode ter em nossas vidas e que contenha uma teoria da interpretação. Tal psicologia deverá revelar as formas profundas que o luto e seus rituais têm para nós. Freud e todos que foram influenciados por ele discutiram muito esse assunto, e há também uma literatura massiva e eclética sobre como podemos atingir um estágio de "closure", como costumamos dizer agora. Não tenho nada elaborado a dizer a respeito, embora possa ter revelado minhas afinidades no resumo que fiz daquilo que acredito ser necessário em uma teoria psicológica adequada. Mas qualquer explicação sobre o que os rituais de pesar são para nós será reducionista, se não mostrar o que elas são para os mortos — humanos ou animais. Driblará o reducionismo se mostrar como os rituais para os mortos podem funcionar para nós apenas à medida que são feitos para eles — para os mortos como objetos irredutíveis de nossas afeições, obrigações, pesares e padecimentos. Freud e muitos de seus seguidores eram, na melhor das hipóteses, ambivalentes sobre esse assunto.

A crença de que devemos ser fiéis aos mortos atinge profundamente o coração humano. Também é verdade que a vida se impõe imperiosa e sem pudores, e, às vezes, sentimos uma ansiedade culposa pelo pesar da morte de uma pessoa amada tão logo dar lugar à ressurgência da vida. Simone Weil escreve sobre isso, em seu livro *Notebooks*, com considerável amargor:

> Há duas linhas na *Ilíada* que expressam com força incomparável a infeliz limitação do amor humano. Aqui vai uma: "no solo jazem, mais amados por abutres que por suas esposas". E aqui, outro: "Após ter se acabado em lágrimas, começou a pensar em ter algo para comer."

Ao reconhecer essa fragilidade humana, algumas culturas impuseram condições longas e rígidas para o ritual do pesar. No Ocidente desenvolvido, essas práticas foram, em grande parte, descartadas, mas se houver qualquer discussão acerca da sabedoria nelas contidas, essa discussão deverá ser em torno da questão a respeito dessas práticas servirem aos mortos ou aos vivos. Por muitas razões, a atitude moderna tende à segunda opção. Ou, mais precisamente, uma parte significante da atitude moderna se define pelo fato de favorecê-la.

Quando meu pai morreu, ele foi enterrado num ritual hoje em dia comum, no qual o caixão é acomodado em *tiras de um tecido resistente* sobre a cova, onde permanece enquanto se dizem as preces de despedida. Em seguida, ele é mecanicamente baixado à sepultura. Eu sabia que se tratava de uma prática comum, mas, mergulhado em meu pesar, esquecera-me. Quando vi o caixão de meu pai sobre as tiras, senti-me trapaceado por terem me tirado a última oportunidade de ajudar a baixar seu caixão à sepultura — "trapaceado" em minha última oportunidade, e não simplesmente impedido de ajudar, pois parecia-me, talvez injustamente, que a prática de baixar o caixão mecanicamente é mais uma das maneiras com as quais nossa cultura nos encoraja na evasão da realidade da morte. Sempre com a nossa cumplicidade, é claro. Xinguei a mim mesmo por ter esquecido a prática, pois, se tivesse lembrado, teria insistido que quem estava chorando por ele deveria baixá-lo ao túmulo e cobri-lo de terra, como ainda fazem os judeus. Pode soar estranho, mas senti que devia isso ao meu pai para lhe ser fiel, e que apenas lhe seria fiel se encarasse diretamente o fato de ele estar morto.

Falo isso de forma pessoal. As pessoas respondem de maneiras diversas aos rituais que pensam ser adequados para a morte e pensam de maneiras diversas também sobre o que realmente conta como encarar a realidade da morte. É, portanto, fácil ver por que há tantas teorias psicológicas sobre qual é a melhor forma de lidar com a morte e com as emoções complexas que ela faz surgir. Mas a morte sempre foi misteriosa, assustadora e temerosa para nós. Aprender a lidar com a morte significa aprender a lidar com *aquilo*. Parte do mistério da morte se reflete na simples gramática superficial da língua com a qual falamos dos mortos: oferecemos a eles nosso respeito, erguemos lápides para eles, trazemos flores, honramos nossas obrigações com eles, compadecemo-nos deles quando são desonrados e ficamos felizes por eles quando coisas inacabadas em vida são acabadas após a morte, ou quando seus filhos vivem saudáveis e felizes, por exemplo. Para algumas pessoas, essa gramática superficial é uma indicação de crença religiosa em uma vida após a morte ou uma recusa em aceitar que os mortos estão mortos e se foram para sempre. Acho que isso mostra uma falta de compreensão sobre a nossa atitude em relação a pessoas e animais mortos. Por que meu pai enterrou Orloff no lado de dentro da cerca? Por que paramos diante da sepultura e choramos? Fizemos isso por Orloff. Em seu livro *Desonra*, J. M. Coetzee escreve entusiasticamente a respeito de um homem que trabalha em um lar para cães perdidos e tenta proteger aqueles que foram mortos da desonra que sofrem quando seus corpos são descartados:

Na manhã seguinte a cada matança, ele leva a camionete carregada... ao incinerador e lá entrega os corpos em seus sacos pretos às chamas.

Seria mais simples levar os sacos ao incinerador imediatamente após o abate dos animais e deixá-los lá para que os funcionários lhes dessem um fim. Mas isso seria o mesmo que deixá-los em um monturo com o resto dos dejetos do fim de semana: com o lixo do hospital, carcaças deixadas no acostamento das estradas, dejetos malcheirosos do curtume — uma mistura, ao mesmo tempo, casual e terrível. Mas ele não está preparado para infligir-lhes tamanha desonra.

Então, nas noites de domingo, ele traz os sacos para a fazenda na parte traseira da camionete de Lucy, que fica estacionada durante toda a noite, e na segunda-feira de manhã os leva para o hospital. Lá, ele mesmo os coloca, um a um, no trole de alimentação, engata o mecanismo que os leva para trás da porta de aço na direção das chamas, aciona a alavanca para esvaziá-lo e a trás de volta enquanto o profissional que deveria estar fazendo esse trabalho apenas observa.

Em sua primeira segunda-feira nesse trabalho, deixou que eles fizessem a incineração. O *rigor mortis* havia enrijecido os corpos da noite para o dia. As pernas mortas se prendiam às barras do trole e, quando este retornava de sua viagem ao forno, o cachorro, vez por outra, voltava também empreteci-do, com os dentes arreganhados, um cheiro de pelo queimado e o invólucro plástico consumido pelo fogo. Após algumas tentativas, os funcionários começaram a bater nos sacos com as costas de suas pás antes de acomodá-los no trole para que-brar os membros enrijecidos. Foi então que ele interveio e tomou para si a tarefa...

Por que ele assumiu essa tarefa? Para aliviar o peso sobre Bev Shaw? Para tal bastava largar os sacos plásticos em um monturo e seguir com o carro. Pelos cachorros? Mas os cachorros estão mortos; e o que, afinal, os cachorros sabem sobre honra ou desonra?

Foi para ele mesmo, então. Por sua ideia sobre o mundo, um mundo em que os homens não usam pás para sovar cor-pos, de modo a dar-lhes uma forma mais conveniente para seu processamento.

Os cães são trazidos para a clínica porque não são deseja-dos: *porque somos muitos.** É aí que ele entra em suas vidas. Ele

---

* Coetzee cita nessa passagem um trecho do livro de Thomas Hardy, *Jude the Obscure*, no qual o personagem do título, Jude, vive maritalmente com Sue, seu filho apelidado Little Father Time e outras crianças, frutos dessa união social-mente rejeitada. O precoce Little Father Time, percebendo os transtornos que ele e seus meio-irmãos causavam aos pais, mata as crianças e se suicida em seguida, deixando um bilhete: *Done because we are too menny* [sic]. (N. T.)

pode não ser o salvador, aquele para quem eles não seriam tantos assim, mas é preparado para cuidar deles, que são incapazes, visivelmente incapazes de tomarem conta de si mesmos, considerando-se que mesmo Bev Shaw lavou as mãos...

Ele salva a honra dos corpos porque não há mais ninguém estúpido o bastante para fazê-lo.

Intrigado com a razão que o levara a agir assim, o personagem de Coetzee pergunta que mal faz ao cachorro seus restos mortais serem tratados com brutalidade. Ele responde de pronto que ele não age assim pelos cachorros, mas por um mundo em que não se faz esse tipo de coisa. Mas logo fica evidente que o horror do ato é o horror do que se faz ao cachorro e que o mundo que ele deseja é um mundo em que os cachorros sejam poupados da desonra de ter seus corpos sovados "de modo a dar-lhes uma forma mais conveniente para seu processamento". Então, ele conclui que age assim pelos cachorros, para cuidar deles, uma vez que até Bev Shaw lavou suas mãos, para salvar a "honra dos corpos".

As pessoas, às vezes, fazem as mesmas perguntas que o personagem de Coetzee fez sobre cachorros em relação a seres humanos. O que pode lhes causar mal, agora que estão mortos? O que significa desonra para os mortos? Os mortos estão mortos e além de todo o mal e, portanto, além de toda piedade racional, a menos que, é claro, eles sobrevivam à sua morte corporal de alguma maneira. A ideia de que os mortos não podem ser molestados é baseada, acho eu, na suposição de que, para ser molestada, uma pessoa deve, pelo menos, ser capaz de ter consciência do mal que está sendo feito. Mas nada importa aos mortos e, portanto, eles não podem ser molestados.

109

É verdade que nada importa aos mortos. Eles não podem ser atormentados, aborrecidos, enraivecidos ou indignados; seus sentimentos não podem ser feridos. Mas isso significa que eles não podem ser molestados? Será uma verdade escrita num céu claro e azul que, se os mortos estão realmente mortos, se eles não sobreviveram de modo imaterial para ter algum interesse no que é feito de seus corpos e seus túmulos e daqueles que ele ama, eles não podem ser molestados? Se é assim tão óbvio, por que as pessoas, tempos afora, não conseguiram perceber nada disso?

Príamo lamentou-se por Heitor, cujo corpo foi arrastado pela carruagem de Aquiles ao redor dos muros de Troia. Antígona chorou por seu irmão Polinices, cujo corpo não sepultado foi jogado aos cães, fora dos muros da cidade. A intensidade de seus pesares foi determinada por seus lamentos e suas iras em relação ao horror a que Heitor e Polinices foram submetidos. Quando surgiu a notícia de que o corpo de Charles Chaplin havia sido roubado de seu túmulo, as pessoas pelo mundo afora se compadeceram. Não podiam ter deixado ele descansar em paz?, perguntavam-se. Apenas uma mente literalmente estúpida poderia fazer alguém pensar que todos devem ter acreditado que Chaplin sentia-se perturbado com o que acontecera com ele. Note como soa natural dizer o que aconteceu "com ele", do mesmo modo como é natural dizer que nos penalizamos de um morto porque seu túmulo foi violado, ou em seus filhos ficaram mal, ou porque ele foi difamado após sua morte. As biografias, muitas vezes, continuam após a morte do biografado e, dependendo da maneira como a narrativa se desenrola, podemos nos sentir felizes ou penalizados pela pessoa morta. Alguém realmente acredita que uma narrativa *post mortem* deve estar em descontinuidade com a narrativa sobre o sujeito vivo e que ela deveria, talvez, ser colocada separadamente como um epílogo?

Se alguém perguntar quem foi prejudicado ou quem foi desonrado quando o corpo de Charlie Chaplin foi roubado, haja vista que Charlie Chaplin desapareceu, então a resposta deve ser Charlie Chaplin. A afirmação de que Charlie Chaplin desapareceu significa simplesmente que ele está morto e talvez decomposto, de volta ao pó e às cinzas. Mas isso não significaria dizer que não foi Charlie Chaplin o objeto irredutível do amor e da piedade das pessoas, que não foi por ele que uma busca foi realizada, um novo túmulo foi construído e flores frescas foram ali depositadas? É claro que podemos nos sentir mal se a memória de um morto for manchada, ou nos sentir mal por seus familiares, se isso acontecer, mas ficamos mal, em primeira instância, decerto porque é ruim para o morto que sua memória seja manchada e não porque sua viúva se sente mal por isso. Se nos apiedamos dela, não seria porque ela se ressente por ele?

O mesmo pode também ser dito sobre nossa atitude em relação aos animais, com todas as qualificações que surgem do fato de suas individualidades serem atenuadas de modo a mostrar a impossibilidade de escrevermos suas biografias. Eles também podem ser desonrados pelo modo como seus corpos sem vida são tratados. Mas reconheço prontamente que algumas pessoas vão achar difícil acreditar nisso, embora aceitem sem hesitação que um ser humano morto possa ser molestado. Citei Coetzee, afinal, na esperança de que essas pessoas o achassem persuasivo, mesmo que no fim das contas não sejam persuadidos, e porque quero refletir sobre como seria ser persuadido por um escritor cujos textos têm tamanha graça e força.

Alguém que se emocione com Coetzee, mas que não se deixe convencer de que cães possam ter sua honra denegrida pelo que é feito de seus corpos após sua morte, não se convenceria também por outros fatos sobre cães investigados por cientistas. É verdade que, no romance de Coetzee, o personagem que acredita que os cães são desonrados na morte também é o personagem que acredita que eles sabem que estão para morrer ou, pelo menos, que um grande mal vai se abater sobre eles, mas acho que isso não importa. Também não acho que alguém se deixe persuadir após uma análise crítica de seus princípios (se os tiver) sobre como os cães devem ser tratados. A questão que importa agora não é como se deve tratar os cães ou se devemos evitar-lhes a desonra, mas o que pode significar desonrá-los, especialmente quando já estão mortos. Se alguém me tivesse dito, quando estava prestes a acertar a cabeça de Tosca com a pá, "Você não vê o que está fazendo?", este alguém certamente estaria quase me perguntando para considerar o *significado* do que eu estava prestes a fazer. E, quase implorando para que eu não fizesse aquilo, é claro, mas implorando devido ao significado do que eu estava para fazer. E, se depois essa pessoa tentasse explicar seu entendimento sobre o que aquilo significava, ela não me falaria sobre as propriedades empíricas dos gatos, pois ela saberia que não há entre nós uma discórdia sobre essa questão. Também não apelaria para um princípio no qual meu intento pudesse se encaixar. Ou, se o fizesse, teria de ser um princípio relativo ao que significava eu agir conforme meu intento. Mas, se ela me convencesse, seria por causa de uma opinião sobre o significado do meu ato e não porque ele se encaixou em um princípio que o condenasse ou denunciasse.

Por que teria eu desonrado Tosca se batesse em sua cabeça com uma pá? Essa pergunta está no mesmo território conceitual que a pergunta "Qual o significado do que eu e meu pai fizemos quando enterramos Orloff?" A pergunta sobre Orloff não quer saber o que sentimos quando enterramos Orloff: quer saber como nossos sentimentos foram afetados por nosso entendimento do que estávamos fazendo ao "darmos a ele um enterro". Quer saber se temos um lugar em nosso entendimento para a aplicação em cães de um certo conceito — o conceito de honrá-los em sua morte. Essa reflexão não é um exercício neutro em análise linguística e conceitual. É uma reflexão sobre como vivemos nossa vida com essa parte da linguagem, com o que quero dizer que tudo depende de como a linguagem que usamos para falarmos sobre esse assunto pode se tornar viva para nós, em seu uso criativo, na narrativa e na poesia, no teatro ou no cinema. Aqui aprendemos com frequência, ou pelo menos vemos sentido onde antes não havia, quando somos tocados em nossa emoção. A pessoa que tentasse me fazer considerar o significado do que eu pretendia fazer com Tosca poderia me contar uma história, ou ler um poema ou me mostrar uma passagem do livro de Coetzee.

O Mundo do Significado

Essa noção sobre o que significa fazer alguma coisa, aonde nos leva? Frequentemente apelamos a ela. Como você consegue passar diante de um sem-teto que implora por um trocado? Você não sabe o que significa estar faminto e sentir-se humilhado? Ou, então, considere a pessoa que, tomada por remorso, diz, "Só agora eu entendo o significado do que fiz". Às vezes, é claro, quando alertamos alguém sobre o significado do que faz, pretendemos, em primeira instância, apenas nos referir a certas consequências. Talvez um empregador não preste a devida atenção à destituição de um lar quando ele demite um pai de família. "Você não entende o significado do que fez", podemos dizer a ele. Normalmente, portanto, quando pedimos que alguém considere o significado do que faz ou fez, os fatos se tornam visíveis e indiscutíveis.

Isso não sugeriria que o que realmente queremos, quando insistimos para uma pessoa considerar o significado de um ato seu, é convidar essa pessoa a *sentir* os fatos, ou talvez ver em que princípios morais eles se encaixam, ou mesmo uma combinação dessas duas coisas? A suposição aqui é que o trabalho de entender, estritamente falando, se esgota na descoberta dos fatos e na consideração desses fatos sob a ótica de nossos princípios. Falo de "fatos" no sentido comum, como se entende quando, por exemplo, um juiz pede a uma pessoa que ela "se apegue aos fatos". É a ideia de um conteúdo cognitivo que uma mente fria pode extrair de uma expressão emotiva ou de uma bela forma literária.

O entendimento — ou mesmo a aceitação — dos fatos pode, como se sabe, ser distorcido pela emoção. Quase todas as formas de conquistas cognitivas estão vulneráveis à distorção pela emoção, pelos desejos, medos e fantasias. Mesmo o pensamento filosófico abstrato pode ser distorcido pela vaidade, pelo desejo da reputação e por muitas outras coisas em que o implacável ego obeso (como diria Iris Murdoch) nos governa.

Pelo menos, desde o tempo de Sócrates, o Ocidente tem se preocupado com a distinção entre a persuasão legítima e a ilegítima. Uma versão da distinção — na minha opinião erradamente atribuída a Sócrates — afirma que a persuasão legítima conclama a mente e não o coração; a lógica e não a emoção. A suspeita de serem a narração de histórias e a poesia formas de persuasão ilegítima frequentemente caminham lado a lado com essa maneira de representar a distinção. A arte pode nos causar deleite, mas, se fosse para nos ensinar, se fosse para mostrar como o mundo é, então deveríamos extrair um conteúdo meramente cognitivo de formas que muitas vezes nos iludem, fascinam e seduzem.

Outra parte dessa tradição, no entanto, falou sobre o entendimento com o coração. Ver a realidade de outra pessoa é uma tarefa do amor, da justiça e da piedade, disse Iris Murdoch, inserindo-se em uma longa tradição na qual o amor é visto como uma forma de entendimento. Profundamente consciente da pouca realidade que carrega o implacável ego obeso, ela acreditava que, ao atentarmos para muitas formas de sua bajulação, ao superarmos o sentimentalismo na arte, por exemplo, permitimos que o amor, a justiça e a piedade façam seu papel *cognitivo*, seu papel de desvendar a realidade.

Suponha uma pessoa que esteja enfrentando uma doença fatal, tentando viver seus últimos meses com coragem e lucidez. Ela quer morrer bem, pois para ela isso é importante em si, e também porque sente que o significado de seu passado depende disso. Grande parte do significado do que fizemos e sofremos no passado abriga a maneira como vivemos no presente. Os fatos do passado são imutáveis, mas o significado raramente é fixo. Grande parte de seu passado foi vivida com o reconhecimento da necessidade de sermos lúcidos, se quisermos honrar nossa humanidade. Se ela agora caísse em formas de contradição ou mesmo procurasse um falso consolo, o significado de seu passado poderia ser questionado. Então, ela busca o conhecimento dos fatos e pede a seu médico para lhe dizer a verdade sem equívocos ou eufemismos. Não há cura nem mesmo nada que impeça o progresso da doença por mais de um mês ou dois, diz o médico, e ela acredita. Pesquisa medicamentos alternativos, mas estes não oferecem esperança alguma, ou, se podem fazê-la ter alguma, é tão pouca que acredita que se apegar a esse fio de esperança pode solapar sua determinação para encarar e aceitar a morte.

Para nosso objetivo de tentar entender as formas de persuasão, isso é relativamente simples. Mas agora um amigo diz a ela que não se sinta resignada diante da morte. Cita Dylan Thomas. Ele insiste para que ela coloque toda a sua "fúria contra a morte da luz", para que ela expresse e aceite seu ódio. Ela responde que, até onde consegue enxergar, as famosas palavras de Thomas não poderiam ter sido escritas por alguém que conhece o terror da morte. Longe de expressar dignidade, diz ela, essas palavras expressam apenas um romantismo oco. Ela espera superar o horror da morte e aceitá-la, e assim espera encontrar consolo, mas não aceitará um consolo inconsistente com a realidade do horror da morte.

Resistir ao falso consolo é apenas uma tarefa, afirma ela. Não temer consolar-se, já que grande parte do sentimento de consolação é falso, é outra quase tão difícil quanto a primeira e exige não apenas coragem mas também sabedoria. Ela leu, segundo afirma, *Os últimos dias de Sócrates*, e achou a obra forte e emocionante, mas não podia alinhar-se aos passos de um homem capaz de perguntar de forma banal, sem qualificação, se a morte é um mal. Como alguém pode perguntar isso e preservar o sentido maléfico do assassinato, ou do pesar juntamente com os que estão desolados? Mas ao pensar sobre a morte ser sempre um mal, se devemos ou não nos aterrorizar diante dela, e se todo consolo é falso, ela tentava, e assim acreditava, ver as coisas como elas são em lugar de vê-las como queria que elas fossem, fazendo um esforço para entender em vez de apenas controlar suas emoções à vista de fatos conhecidos e enfrentados.

Para pensar com rigor sobre sua morte iminente e seu significado, ela deve ser fiel aos fatos. Não deve fugir deles ou deixar com que os mais doídos se escondam nos meandros de sua mente. Deve ser racional, lógica, para perceber que fato necessariamente se segue a outro, pois todo o esforço pelo entendimento se perde se a pessoa não prestar atenção em como se passa de um pensamento a outro. Mas, além de tudo isso, ela deve evitar o sentimentalismo e nunca deixar sua disposição sucumbir ao páthos. Deve sempre resistir ao clichê e àquela preguiça do espírito que, mesmo em suas crises, podem impedi-la de escutar suas sutilezas e encorajá-la a conspirar com as diversas maneiras através das quais as palavras podem atrapalhar sua necessidade de lucidez.

Uma distinção de grande importância deve ser observada nesse momento. Trata-se da diferença entre o sentimentalismo quando ele é a *causa* de nossa incapacidade de ver as coisas como elas são e quando ele é uma forma dessa incapacidade. Se é causa, funciona como o cansaço, a embriaguez, a impetuosidade e o medo quando estes distorcem o pensamento e o entendimento. Se é uma forma de incapacidade do pensamento e do entendimento, então pode ser visto como a maneira pela qual um erro ou uma inferência inválida se torna uma incapacidade. A mesma distinção se aplica à nossa inclinação ao páthos, à banalidade e ao clichê, para listar somente alguns danos à lucidez quando o significado entra em questão. A tradição que nos ensina que estamos certamente persuadidos apenas quando a cabeça e não o coração se convence, ou quando, de alguma forma, a cabeça se convence primeiro para em seguida persuadir o coração, sempre trata esses perigos como causas. A tradição que fala do entendimento do coração considerando-o seriamente como uma forma de entendimento, às vezes o toma como causa, embora sempre como diferentes formas de nossa incapacidade de entender quando essa incapacidade ocorre no campo do significado.

A pessoa aqui considerada, ou a pessoa que está tentando encarar a própria morte com clareza mental, sucumbiu, por um tempo, à influência de um guru carismático que a convenceu dos benefícios de certas formas de medicina alternativa. Foi seu carisma, mais do que a fraca e anedótica evidência utilizada, que a convenceu. Com muita habilidade, ele explorou sua vulnerabilidade às descrições sentimentais daqueles que tiveram coragem e independência mental para resistir ao autoritarismo da ortodoxia médica. Esse é um exemplo do sentimentalismo que distorce o entendimento dos fatos. O remédio seria afastá-la da influência do guru e pedir a ela para considerar os fatos objetivamente, para considerar a evidência científica, para tentar avaliar o que fazer dos apelos à evidência por parte dos que apoiam o guru, e outras coisas do tipo. "Você deve fazer com que sua cabeça dite as regras, não o coração" seria um bom conselho nesse caso.

Considere, porém, seu debate com Dylan Thomas. A princípio, se sente atraída a odiar a morte da luz, mas em seguida considera que tudo não passa de romantismo, a que seu sentimentalismo a faz ficar vulnerável. Ela acredita que odiar a morte é como encarar a morte, quando, na verdade, esse ódio não passa de evasão dessa realidade. Não é, portanto, o mesmo tipo de evasão que se verificou quando, por algumas semanas, ela infundadamente acreditou que os resultados de diagnóstico positivo para câncer estavam errados ou não eram os resultados de seus exames. A evasão de Thomas, ela acredita, não é a evasão do fato da morte, mas de seu significado. Ela se sentiu tentada, como às vezes se sente em relação a visões sentimentais de sua reintegração com a natureza. Não que todas essas visões sejam sentimentalistas. Os pensamentos de unidade com a natureza surgem de muitas formas. Algumas são objetivamente pensamentos metafísicos sobre a sobrevivência do espírito, ego, ou alma. Quando não, são, às vezes, expressos na poesia de grande beleza e, às vezes, na poesia de banalidade doentia.

Meu pai e eu não acendemos velas para Orloff, não erguemos um momento em sua memória e nem colocamos qualquer marco em sua sepultura. Muitas pessoas fazem isso, é claro. Às vezes, quando o fazem são imediatamente acusadas de sentimentalismo — acender uma vela a cada ano para um cachorro morto seria um exemplo disso para mim. Uma pessoa que acende uma vela por ano em sua casa e tem uma grande tumba construída em um cemitério com estátuas kitsch de um cão pode ter crenças falsas sobre o cachorro, crenças cuja falsidade poderia ser especificada sem referência ao sentimentalismo. Essa pessoa poderia acreditar, por exemplo, que quando ela falava com seu cão, ele era sempre capaz de entender suas frases. Talvez ela acreditasse que ele tivesse incríveis poderes de telepatia. Em resposta à minha observação de que os cães não podem pensar sobre filosofia ou sobre seus pecados, ela poderia responder dizendo que o dela podia. Tudo isso e ainda mais é possível, embora não necessariamente ocorra. Quando o sentimentalismo é uma manifestação do falso e não a causa de um erro cuja natureza possa se especificar sem referência ao sentimentalismo (como um erro fatual ou lógico pode ser), ele não é necessariamente a causa de falsas crenças e nem precisa se fundamentar nelas.

Nossos entendimentos ou não entendimentos sobre o significado são quase sempre expressos em uma linguagem na qual forma e conteúdo não podem ser separados. Quando o sentimentalismo é uma causa de erro, por exemplo, no campo do fatual, a expressão sentimental e o conteúdo podem ser separados. Alguém poderia ter dito à mulher à beira da morte, "Sei que seu sentimentalismo é a causa de você acreditar nos poderes curativos de medicinas alternativas. Posso perceber isso no modo como você fala sobre seu guru. Mas isso é irrelevante para seus argumentos sobre esses medicamentos serem verdadeiros ou falsos. Esses argumentos podem ser investigados pelos métodos bem estabelecidos para avaliar argumentos reais." Mas quando o sentimentalismo está no campo do significado, quando é uma forma de erro, esse tipo de separação do sentimentalismo e a verdade ou falsidade daquilo que a pessoa sentimental disse não pode ser levada a cabo. Quando o sentimentalismo é uma forma de erro, não faz sentido dizer, "Sei que é sentimental, mas não importa, eu só quero saber se é verdadeiro ou falso." Imagine alguém que diga, "Acho que o Sermão da Montanha é sentimental. Mas isso não me importa. Não leio as escrituras como se fosse literatura. Eu as leio por sua verdade ética." Isso não seria absurdo?

A superação do sentimentalismo assumirá feições diferentes ao ocorrer no campo do significado, por um lado, ou no mundo fatual, lógico, discursivamente metafísico, por outro lado. O campo do significado no qual a forma não pode ser dissociada do conteúdo é essencialmente, e não acidentalmente, vulnerável ao sentimentalismo. Podemos sonhar com a superação do sentimentalismo, do páthos, da banalidade, mas não podemos sonhar

— pois não faz sentido tentar conceber — um mundo do significado no qual não estamos vulneráveis a essas falhas.

A matéria do fatual, do puramente lógico, do discursivamente metafísico, do científico, parece ser acessível para pensadores desprovidos de uma forma particular de vida. Isso é um sonho de pensamento puro, de aspiração de uma visão do mundo como a de Deus ou, como Thomas Nagel escreveu em seu livro *The View from Nowhere*, de uma visão do mundo como que a partir de um local fora dele. Sendo o que somos, seres humanos de carne, sangue e sentimentos, nunca atingiremos esse ideal, mas parece fazer sentido colocá-lo como um ideal com o qual mediremos nossas conquistas e definiremos nossas aspirações em algumas partes da vida mental. Mesmo que tenhamos dificuldade em tornar compreensível para nós a ideia de sermos livres, por exemplo, do cansaço, da preguiça ou da vaidade. Já que concebemos o sentimentalismo, o clichê etc. como algo que desabilita o pensamento de maneiras semelhantes, então faz sentido pensar em nos livrarmos deles também. Talvez haja pensadores assim em algum outro lugar do universo.

Não é por acidente que aqueles inspirados pelo ideal de ver o mundo de um lugar fora dele, como Deus o veria, também cronicamente suspeitem das línguas naturais e esperem poder substituí-las, devido a objetivos intelectuais rigorosos, por uma língua ideal especialmente construída. Teriam os poetas esse ideal em relação ao hebraico ou ao árabe? É necessário apenas lançar a questão para sabermos que ela é logicamente teórica. Os poetas lutam para dar vida às palavras, lutam contra a maneira como uma língua morre dentro de nós, mas não lutam para criar uma nova

língua que não possa morrer em nós. A vida que a poesia sustenta em uma língua é uma vida sempre ameaçada por nossa inclinação para o sentimentalismo, para o clichê, a banalidade, o páthos
etc. É, no entanto, intrínseco à lucidez atingida quando essas
inclinações são superadas que elas sejam sempre superadas no
meio da vida e nunca no fim. Também é intrínseco a essa lucidez
que sua conquista não se dê por meio de livros ou enciclopédias.

Histórias, Filosofia e Ciência

Quase tudo que importa na vida ocorre no campo do significado, e isso explica por que a literatura é tão importante para nosso entendimento sobre a vida. Sem a literatura — hoje amplamente entendida como escrita na qual estilo e conteúdo não podem ser dissociados, e na qual uma língua natural, nas palavras de Cora Diamond, é "usada em toda sua extensão" —, nosso senso daquilo em que devemos pensar quando pensamos nos problemas da vida e seus significados seria totalmente diferente de tudo que é e foi ao longo de nossa história cultural. Pense na frequência com que a literatura e a arte, de uma maneira mais geral, nos dão uma razão para dizer que finalmente vimos significado onde antes não havia, ou para encontrar um significado mais profundo do que podíamos antes imaginar, e, até vez por outra, um sentido onde antes não existia. Tanto uma como a outra são maneiras de ver e entender características do mundo dos significados.

Historicamente, a filosofia e depois a ciência tenderam a pensar que, sendo estilo e conteúdo inseparáveis, o conteúdo não pode ser conteúdo cognitivo, não pode contribuir para o grande edifício do conhecimento. Isto é, em parte, verdade, como eu mesmo já reconheci quando disse que os frutos da lucidez no mundo do significado não vão encontrar seu lugar em livros e enciclopédias. Há motivos para pensarmos que o significado da palavra "conhecimento" é amplamente determinado pelos protótipos de realizações cognitivas que podem ser separadas das formas que as expressam e, ainda, são adequadas para figurar em livros e enciclopédias. Mas não há razão para pensarmos que esses protótipos devem determinar o significado de todas as aplicações substanciais dos conceitos de entendimento, de objetividade, da tentativa de ver as coisas como elas são. Posso garantir sem hesitar que o entendimento do coração jamais levará ao conhecimento do tipo que se pode acumular pelos anos afora e se estabelecer em grandes enciclopédias de nossa cultura. Mas isso não quer dizer que ele não seja uma forma genuína de entendimento.

Quando se trata de entendimento do significado, é mais natural falar de sabedoria ou lucidez do que falar de conhecimento de um tipo que pode transformar uma pessoa em um conhecedor e ou mesmo em um especialista. Como podemos determinar o que é genuinamente entendimento e o que é genuinamente cognitivo? Apenas, acho eu, se prestarmos atenção aos conceitos com os quais avaliamos, para diferentes tipos de pensamento, se estamos pensando bem ou mal. Se fizermos isso, vamos descobrir, como posso sugerir, que as coisas que pensávamos ser meramente as causas emotivas da descapacitação das funções cognitivas eram, na verdade, formas de falsidade. Se assim for, nada poderá impedir o caminho que nos leva a ver que, no mundo do significado, há entendimento, diferente do tipo de entendimento do mundo fatual, mas nem por isso um entendimento entre aspas.

Nosso entendimento sobre os animais e nossas relações com eles são muitas vezes moldados por histórias. A ciência e a filosofia concordam que, se as histórias contribuem para o entendimento de seres humanos e animais, e de nossa relação com eles, então o conteúdo cognitivo das histórias deve ser extraído da forma de se contar histórias e analisado em seu valor fatual e conceitual. Esse dogma, assim vou chamá-lo, da necessidade de separar conteúdo genuinamente cognitivo da forma literária, junto com a suposição de que somos espectadores no mundo, seguros dos conteúdos de nossas mentes, mas apenas inferencialmente conscientes dos conteúdos das mentes alheias, levou a um reducionismo no estudo dos animais que já atingiu proporções lunáticas.

The Parrot's Lament é um livro frequentemente considerado belo, mesmo que estridentemente polêmico, no qual Eugene Lindem narra maravilhosas anedotas sobre os animais, silvestres ou domésticos. Linden argumentou com os cientistas, usando os termos deles, dando-lhes, como acreditava, evidências de um conceito mais generoso do que aquele que estavam inclinados a aprovar sobre uma "consciência animal". Agora ele se recusa, como afirma, a aceitar as regras de comprometimento do inimigo. Diz que não vai engrossar o coro da discussão que ele acredita ser falta de bom-senso — "conversa dos infernos", diz ele. Em lugar disso,

127

conta histórias antes contadas a ele por pessoas que conhecem os animais e cujo conhecimento não é distorcido por um medo neurótico do antropomorfismo — treinadores, guardas de zoológicos e outros. Jeffrey Masson, que escreveu *When Elephants Weep*, com o mesmo espírito desafiador, disse que *The Parrot's Lament* é "um conjunto íntimo de histórias de animais — maravilhosas, humanas e comoventes. É impossível ler e não se emocionar. Esse livro representa uma nova forma de escrever sobre animais".

Infelizmente, por toda sua louvável determinação para escrever de modo diferente sobre os animais — com a narração de histórias —, Linden não apenas conta histórias, mas faz uma pilha de anedotas, descuidadamente e com uma incondescendente intenção polêmica. Suas histórias não servem para a mediação. Com Masson também é assim. Ambos são movidos pela necessidade de combater o que consideram um ceticismo tolo sobre a "consciência animal", e mesmo assim posso detectar em ambos o desespero óbvio de quando se sabe, no fundo do coração, que nada do que se pode fazer sossegará o ceticismo. E isso acontece porque, embora partam da crença de que as suposições da ciência comportamental sobre objetividade e evidência realmente distorcem nosso entendimento sobre a vida animal, eles se agarram a essa mesma suposição, de tal modo que seu trabalho continua sem resposta nos padrões de evidência que acreditam ser pura teimosia.

O que se pode fazer com as centenas de relatos não corroborados sobre animais serem capazes desse ou daquele feito extraordinário — contar, falar, sofrer ou sentir remorso? Ou a pessoa dá de ombros ou exige uma descrição mais cuidadosa e sistemática e uma observação mais controlada, sempre de olho nas questões conceituais envolvidas na descrição e nos relatos sobre o que uma observação mais cuidadosa e controlada poderia evidenciar. Exige-se, em outras palavras, a ciência amiga da filosofia cientificamente sofisticada, e isso é exatamente o que Linden e Masson procuram evitar. Ou, para ser mais preciso, eles não entendem a pressão filosófica imposta ao ceticismo sobre a consciência. Não apenas a suposição básica, mas um nível mais geral sobre, digamos, as condições para a crença. Ambas são filosoficamente naïves a um ponto irredimível. Mas, se você se coloca no espaço conceitual onde suas alegações só podem ser levadas a sério se estiverem apoiadas em evidências rigorosamente filtradas e avaliadas, então este é o tipo de evidência que você deve prover.

Quando os cientistas dizem que querem evidência e não uma anedota, eles normalmente não querem dizer que evidência e anedota são coisas diferentes. Querem dizer que são coisas semelhantes, do mesmo tipo — razões empíricas para a crença — e que as anedotas são um exemplo inferior. Mesmo milhares delas não seriam suficientes para constituir o que a ciência está preparada para chamar de conhecimento.

Meu pensamento está em harmonia com Linden e Masson, mas alguma coisa deu errado. Em meu julgamento, foi o fato de Linden e Masson compartilharem, com aqueles que eles criticam, suposições das quais tenho tentado sustentar a falsidade. Em primeiro lugar, eles sugerem que, se não podemos ver dentro da cabeça dos animais e se os animais não podem nos dizer o que lá se passa, nossas atribuições reflexivas de uma consciência animal sempre dependerão, para fins de justificação, de evidências behavioristas e outras que estão à nossa disposição. Em segundo lugar, por eles tratarem a narração de histórias como uma forma de acumular evidências anedóticas, eles supõem que o fatual é o nosso melhor protótipo para o cognitivo. O problema causado pelas duas suposições se dá pelo fato de que Linden e Masson entendem, de modo imperfeito, a diferença entre questões conceituais e questões empíricas. Masson se permite o disparate de pensar que uma aranha pode ter uma "rica vida interior e uma confusão de emoções" porque ele não entende o absurdo que há nisso.

No que diz respeito a essas primeiras suposições sobre o tipo de evidência que justificaria atribuições de estados de consciência a animais, Linden e Masson estão certos quando rejeitam padrões impostos sobre a evidência que não sejam tão científicos quanto cientísticos — que expressam uma crença quase supersticiosa de que o conhecimento científico é o protótipo de todo conhecimento e que o método que nos leva a ele deve ser o protótipo de todo questionamento rigoroso.

Às vezes crasso, o cientismo é um fenômeno complexo. Apoia-se em uma variedade de suposições sobre o que conta como conhecimento objetivo e sobre o momento em que a dúvida pode legitimamente ser sanada. Algumas dessas suposições são relativamente superficiais e estão a um nível acima dos preconceitos — de que tudo deve ser quantificado ou que, na ausência da quantificação, não pode haver real precisão, por exemplo. Outras suposições, no entanto, vão fundo e são profundas. Linden e Masson compartilham uma delas com quase todos que estudam o comportamento animal — a saber, que a justificação para nossos argumentos sobre a "consciência animal" são uma função do tipo de evidência que podemos pôr em uso, individualmente através de nossas experiências e coletivamente através de gerações.

Uma vez tendo assumido essa suposição, Linden e Masson não conseguem se livrar do ceticismo que dela decorre. Juntam, portanto, uma pilha de anedotas, intransigentemente, desesperadamente, quase sem nenhuma pausa para pensar ou refletir. Por isso, não é totalmente injusto pensar que a única diferença entre Linden e Masson e aqueles que eles responsabilizam pelo colóquio dos infernos é que Linden e Masson têm padrões de evidência menos precisos.

A segunda suposição — de que o conhecimento fatual é o protótipo de todo conhecimento — impede que Linden e Masson entendam o papel exato da narração de histórias em seu empreendimento. Eles acham ser fatual, por exemplo, a questão sobre as aranhas terem ou não uma consciência, ou os papagaios poderem ou não falar, ou os cachorros serem capazes ou não de sentir remorsos. A narração de histórias, eles parecem pensar, produz o conhecimento fatual que o colóquio dos infernos não pode produzir porque está escravizado por uma concepção cientística de evidência e por uma concepção de objetividade que o faz neuroticamente temer o antropomorfismo. Por pensarem que o conteúdo cognitivo de suas histórias é essencialmente fatual, suponho que acreditem que ele seria idealmente extraível de suas histórias para que pudesse ser analisado por uma ciência cujos métodos não fossem distorcidos como os métodos da ciência atualmente são. Seja como for: por Linden e Masson não entenderem ao certo a natureza de questões conceituais, eles não entendem o papel característico da narração de histórias quando ela nos mostra como podemos aplicar em animais conceitos que achávamos antes não serem aplicáveis a eles. Muitas de nossas perplexidades sobre animais não são uma função de nossa incerteza sobre a evidência, mas uma função de nossa incerteza sobre como descrever a evidência e como ela impulsiona nossa vontade de aplicar conceitos-chave. Às vezes, as reflexões sobre esses conceitos são um exercício neutro da inteligência filosófica discursiva, aquela que brilha em um idioma no qual o estilo pode se divorciar do conteúdo. Outras vezes, não. Às vezes, a reflexão sobre conceitos ocorre no campo do significado. É aí que a narração de histórias mostra sua utilidade.

Aqui segue um exemplo do tipo de questionamento neutro, de mãos dadas com o questionamento empírico. Um dia, um vizinho encontrou Gypsy com uma pá e cerca de oito ou dez centímetros do cabo em sua boca (ela já havia mastigado todo o resto). Olhava com uma aparente frustração confusa para um buraco que havia começado a cavar com suas patas sob a cerca, de modo a tentar fazer uma visita ao cachorro de nosso vizinho.

Estaria tentando decidir o que fazer com a pá? Seria esta uma forma, pelo menos primitiva, de deliberação sobre meios e fins? Certamente não há dúvidas de que cães e outros animais, às vezes, usam instrumentos para conseguir seus propósitos, mas isso não significa que eles deliberam sobre o uso desses instrumentos ou seus méritos relativos — se este serviria ou se uma outra coisa qualquer seria melhor. Algumas pessoas não hesitariam em dizer que Gypsy estava deliberando sobre como usar a pá. Outros refutariam a ideia. Ela é, certamente, controversa, concordo, e nossa falta de entendimento se resolveria pela observação cuidadosa em condições controladas, uma observação que pretendesse eliminar essa ou aquela possibilidade, ambas oferecidas por e a serviço de reflexão filosófica sobre o que uma concepção séria de deliberação sobre meios para se atingir fins vem a ser.

Muitos trabalhos sobre animais são desse tipo — a ciência em parceria com a filosofia, uma dependendo da outra. É óbvio o motivo pelo qual nosso entendimento sobre animais deve ser regido por observação rigorosa, controlada e cuidadosa na hora das conclusões. Mas a ciência precisa da filosofia, se não quiser tornar-se ingênua. Discussões sobre chimpanzés sinalizadores estarem realmente usando uma língua, por exemplo, não chegarão ao fim através de observação, pois o que conta como língua não pode ser resolvido desta forma. Também não pode ser resolvido por definição. Sabemos, por exemplo, que as vacas se comunicam entre si quando mugem, mas ninguém acha que elas falam ou que um mugido é uma palavra em uma língua de vaca. Nesses casos, vemos imediatamente que há uma diferença entre um som funcionando com um objetivo em um sistema de comunicação — e pode ser um sistema bastante complexo — e um som com significado do tipo que atribuímos a uma palavra. O que é preciso para uma coisa se tornar uma palavra já se mostrou como uma questão de difícil resposta, e há muita controvérsia em torno disso tudo, não apenas na filosofia mas também nas ciências naturais, onde existe uma longa discussão sobre chimpanzés que aprenderam a usar sinais terem realmente aprendido uma língua.

Espero, portanto, que leitores que possam ter suspeitado de minhas observações sobre a certeza indicarem que eu acredito que o pensamento sobre animais atinge seu melhor em uma zona não científica tenham deixado de lado essa suspeita. Há, é claro, espaço para a especulação, pensamento científico e experimentação. Mas o espaço conceitual onde isso acontece deveria, acho eu, ser formado por três reconhecimentos. Em primeiro lugar, não é uma conjetura os cães terem sensações e não meditarem sobre os problemas da filosofia. Em segundo lugar, as interpretações da observação empírica devem ser sofisticadas em relação a questões conceituais envolvidas na análise de descrições daquilo que se observa. Em terceiro lugar, enquanto algumas questões conceituais são mais bem exploradas em questionamento filosófico neutro, outras são exploradas adequadamente apenas quando ciência e filosofia se aliam à literatura e não a subjugam.

Coetzee nos convida a estender nosso conceito de desonra em relação ao que podemos fazer com animais mortos. Podemos aceitar ou rejeitar esse convite e, se aceitarmos, podemos torná-lo mais geral ou conectá-lo a um entendimento de como podemos agir em consideração aos animais mortos. Se aceitarmos o convite, tenho certeza de que será devido à qualidade de sua escrita e à maneira como ela nos comoveu. Mas, se decidirmos extrair algo do fato de que ela nos fez perceber um conteúdo cognitivo, fatual ou conceitual, cujo caráter é apenas contingentemente vulnerável às muitas formas que equivocadamente nos emocionam, então não teremos refinado nossa matéria de modo a torná-la adequada à, digamos, ciência ou filosofia. Teremos perdido nossa matéria.

Passarei as últimas palavras para Rush Rhees. Ele escreveu uma carta a uma pessoa que tentou ensiná-lo como disciplinar seu cão, que atende pelo nome de Danny. Rhees não foi capaz de discipliná-lo, mas disse que, ao fim de seus esforços, ele e Danny sabiam do posicionamento de um em relação ao outro. De um modo inseparável da fineza da prosa de Rhees, aprendemos, assim acredito, como aplicar aos animais o conceito de "saber onde cada um se posiciona". Também é possível aprender como se aplica o conceito de respeito à dignidade de um cão:

> Nunca me agradou o fato de Danny ter aquele temperamento nervoso. Tanto quanto não me agrada a minha estúpida impaciência com ele. Mas... passamos a nos conhecer. E o que entendo por conhecê-lo — ou, se preferir, o que entendo ser *ele* — não é algo que eu possa separar de estar cara a cara, repetidamente, com sua louca excitação, com sua absoluta obstinação e recusa, com sua teimosia em dezenas de maneiras diferentes: tentando atingir essas coisas, tentando desviar delas e geralmente desenvolvendo um temperamento pior do que o dele, jogando a guia para que ele corresse para dentro de casa e, ao entrar também, encontrando-o a olhar para mim assustado, atrás da cadeira. Assustado, mas esperando que eu lhe desse a primeira chance para se chegar e pressionar sua cabeça contra meus joelhos com força suficiente para quebrar-lhe o crânio, enquanto sacudia seus quartos traseiros. Gradualmente, *muito* gradualmente (depois de muita labuta), pudemos nos conhecer em todos esses aspectos. Ele finalmente soube em que ponto ele estava comigo; e eu finalmente soube em que ponto eu estava com ele. E cada um de nós sabia isso.

O trecho acima foi retirado de um longo parágrafo de *Moral Questions*, de Rhees, cujo título é "Morte de um Cão". O parágrafo consiste em registros em um notebook feitos após a morte de Danny. Poucas pessoas, acho eu, seriam capazes de ler o capítulo sem se sentirem perturbadas, em parte devido à dor ainda crua no papel, em parte devido à profundeza e à eternidade do pesar de Rhees. Quase dois anos após a morte de Danny, Rhees escreveu: "Não me recupero dessa perda. Quando as coisas dão errado seguidamente, eu talvez tenha consciência mais constante disso. Mas basta uma mudança na luz para tornar mais articulado o que estava lá o tempo todo. — Mesmo a palavra "recuperar" me incomoda, pois não sei o que imaginar nela."

Rhees sofreu por seu cachorro como se estivesse sofrendo por uma pessoa. Esse pensamento ocorreria a qualquer um que lesse seus registros. Embora seja um pensamento natural, Rhees faz as pessoas pensarem o que isso significa, afinal. Ele não achava que seu cachorro era uma pessoa. Normalmente, se pensamos que uma pessoa trata um animal como gente, vendo isso como uma crítica, então queremos dizer que ela erradamente atribui ao animal capacidades que deveriam ser atribuídas a pessoas (humanas), ou que ela é emotiva ou sentimental, ou ambos. Nada disso pode-se dizer de Rhees.

Ele sente algo como a mesma desorientação sobre a morte de seu cão sentida por nós quando da morte de seres humanos. Também sente algo como a mesma ansiedade culposa de que ele seria infiel ao cão, se sua dor amainasse.

Mesmo assim eu não entendo o que aconteceu. Não entendo o que é...

Não sei como (tentar) ficar ao lado dele e ainda ir em frente com qualquer outra coisa.

Não sei o que estou tentando fazer; ou: o que estou fazendo. — *Não* é: "tentando manter a memória viva".

Mas, sério, por um cachorro? Não sei o que pode fazer cessar essa pergunta. Logo abaixo, temos o que Rhees escreveu sobre o tipo de presença que seu cão tinha em sua vida:

Quando tento continuar com meu trabalho sobre (tentar entender) a filosofia da matemática (indução, recursão matemática), percebo como, naquilo que lia e escrevia, não ia adiante sem ele: como eu o incluía em cada passo meu. (Ele dormia no canto ou logo ali na frente.)

E se ele se foi — como posso ir adiante? — o que estou fazendo aqui agora?

Pobrezinho Ser Vivo

No lado francês do Mont Blanc, erguendo-se acima da cidade de Chamonix, há um lindo obelisco de granito. Chama-se Dru. Aos olhos de um montanhista, suas paredes de granito, erguendo-se absolutas por mais de mil metros até serem encobertas pelo gelo, são uma das mais belas visões dos Alpes Europeus. Em uma dessas paredes, uma rota se traça com audácia de fazer perder o fôlego diretamente até o cume. É o Pilar Noroeste, também conhecido como Pilar Bonatti, pois foi Walter Bonatti o primeiro a vencê-lo em escalada solo.

Uma escalada solo significa não apenas privar-se da companhia de uma pessoa que poderia evitar uma queda, mas também privar-se de uma companhia na qual seria possível buscar conforto e coragem. Um dos maiores e mais apaixonados montanhistas, profundamente consciente da dimensão espiritual desse chamado, Bonatti concebeu a ideia da escalada solo do Pilar Noroeste durante um período de crise espiritual. Um ano antes, ele enfrentara uma noite de horror a 26 mil pés no K2, nos Himalaias, com um xerpa desorientado pela atitude, desesperado e exausto. Bonatti, por pouco, não se encontrou na mesma condição. Na véspera de sua escalada no Dru, abrigou-se na cabana do Monte Envers, bem em frente ao Dru, separada dele pelo Mere de Glace, mas, ao fim da tarde, levou sua mochila e seu equipamento ao pé do pilar. Ficou por mais de uma hora lá sentado, pensando se era um tolo de ter concebido aquele projeto que provavelmente iria matá-lo. Em seu livro sobre essa experiência, *On the Heights*, Bonatti escreveu:

O lusco-fusco naquele ambiente hostil e gelado encheu-me de um vago sentimento de espanto e, pela primeira vez, eu me senti prisioneiro da decisão que havia tomado. Tive inveja... de todos os homens que não sentiram, como eu, a necessidade de confrontar esses desafios para se afirmarem. Tomado por esses pensamentos... vi uma pobre borboleta que, atraída pela luz do dia, caiu indefesa sobre o solo nevado a alguns passos de mim, num último bater de asas. Pobrezinho ser vivo, que falta de sorte tiveste ao encontrar-te diante da morte em um mundo cruel, de cuja existência nunca suspeitaste!... Inseto miserável, meu irmão de infortúnio... não sabes quanto me ressinto por ti e contigo. Tua tragédia é minha também; o que busco na conquista do Dru é semelhante à intoxicação que te trouxe aqui...

Com esses pensamentos, o mínimo que podia fazer era me aproximar com muito cuidado e trazê-la para o abrigo de minhas mãos aquecidas, levando-a comigo para a segurança da cabana.

Sua doce piedade me emociona particularmente devido à forma como ele a expressa, através de um sentimento de compartilhar com ela o mesmo destino. É verdade que sua expressão é um tanto melodramática — "Tua tragédia é minha também" —, mas não vejo nada de melodramático ou sentimental em sua última frase, que expressa sua piedade com ternura eloquente. Talvez contra a lógica superficial da passagem, tendo a interpretar essa última frase como uma volta a seu início e a perdoar parte de seu melodrama.

Será que a piedade de Bonatti depende do fato de ele atribuir à borboleta um estado de consciência? Será que depende de sua crença sobre a borboleta sentir medo ao ficar presa no gelo? Será que ele acredita — deve acreditar — que a borboleta sentia frio e dor enquanto lutava para se soltar? Estou certo de que o poder de sua piedade para me comover não está condicionado à minha suposição de sua crença sobre essas coisas ou à minha própria crença em sua verdade. Se alguém me dissesse que achou a passagem comovente, embora se mostrasse cético por seu poder de comoção repousar em projeções espúrias sobre a borboleta ter respostas que ocorreriam somente a animais superiores, eu acharia que essa pessoa tem falta de imaginação. Não porque ela não conseguiu imaginar os estados internos da borboleta, mas porque ela não vê que não precisa disso para se emocionar, pela qualidade da piedade de Bonatti. Nada no imaginativo sentimento de Bonatti sobre compartilhar um destino comum com a borboleta exige que ele entrasse com empatia imaginativa em sua vida interior.

A visão de uma mariposa tentando escapar do calor da uma lâmpada elétrica pela qual foi atraída, impedida pela luminária, o frenesi desesperado de sua luta, pode se tornar dolorosa e até insuportável para certas pessoas. Da mesma forma, essa pessoa pode reagir diante da visão de um menino arrancando as asas de um inseto. Esse último exemplo tornou-se para nós uma espécie de marco de crueldade. "Você provavelmente foi o tipo de garotinho que arrancava as asas dos insetos," costumamos dizer aos sádicos. Decerto, não porque supomos que as moscas sintam dor intensa, ou qualquer dor, mas por causa do malicioso e lento prazer que o menino sente na mutilação injustificada de um ser vivo. Para condenar-lhe o ato, ninguém precisa saber o que fazer da suposição de que uma mosca pode entrar em agonia e, *a fortiori*, ninguém precisa saber o que fazer da suposição de que o menino sente um prazer refinado em causá-lo.

Mas agora tenho uma confissão a fazer. Citei apenas uma parte da passagem do livro de Bonatti. Aqui a ofereço na íntegra.

O lusco-fusco naquele ambiente hostil e gelado encheu-me de um vago sentimento de espanto e, pela primeira vez, eu me senti prisioneiro da decisão que havia tomado. Tive inveja do Professor Ceresa, que no dia seguinte deixaria esse inferno, e também de todos os homens que não sentiram, como eu, a necessidade de confrontar esses desafios para se afirmarem. Tomado por esses pensamentos, eu estava pronto para a cabana quando vi uma pobre borboleta que, atraída pela luz do dia, caiu indefesa sobre o solo nevado a alguns passos de mim, num último bater de asas. Pobrezinho ser vivo, que falta de sorte tiveste ao encontrar-te diante da morte em um mundo cruel, de cuja existência nunca suspeitaste! Em teu último bater de asas, vi diante de mim um drama quase humano. Quem sabe, pensei, com que terror teus olhinhos assistiram aos últimos raios do sol poente, as metamorfoses inesperadas de tuas cores? Quem sabe com que horror teus sentimentos te avisaram das úlceras de frio fatais, da atroz certeza da morte e, como em mim, dos mesmos lamentos infinitos? Inseto miserável, meu irmão de infortúnio neste local de morte, não sabes quanto me ressinto por ti e contigo. Tua tragédia é minha também; o que busco na conquista do Dru é semelhante à intoxicação que te trouxe aqui. Para mim, o Dru que eu estava prestes a desafiar nada mais era além do último raio da luz do sol que apenas há alguns minutos tu viste se pôr para sempre. Se amanhã não for bem-sucedido em meu autocontrole, vou compartir contigo desse mesmo fim.

Com esses pensamentos, o mínimo que podia fazer era me aproximar com muito cuidado e trazê-la para o abrigo de minhas mãos aquecidas, levando-a comigo para a segurança da cabana.

Diante disso, a passagem não editada parece inequivocadamente ir de encontro ao que acabei de dizer. Disse que não havia nenhuma razão para supor que Bonatti imaginativamente penetrou o estado de mente da borboleta. No entanto, parece ser exatamente isso o que ele fez, e a lógica da passagem parece sugerir que, por isso, ele se apiedou da borboleta.

Assim parece ser, admito, mas não acredito. A passagem que parece registrar a crença de Bonatti sobre como o destino da borboleta subjetivamente se apresentava a ela deve ser lida como nada além de embelezamentos retóricos de uma empatia que não precisava deles e que melhor se expressa sem eles. Citei a passagem editada primeiro, na esperança de mostrar que sua piedade pela borboleta tão belamente expressa em si não precisava de apoio especulativo para tornar-se inteligível. É um tributo à qualidade imaginativa de sua última frase que sua força autorizada tenha sobrevivido à hipérbole que a precedeu.

Algumas pessoas sentem prazer em urinar em insetos ou aranhas que caem no mictório e não conseguem vencer suas paredes lisas. É um prazer estúpido e demonstra falta de imaginação. Ver a aranha descer junto com a urina pelo cano que leva aos esgotos é pior do que simplesmente lançar-lhe um jato d'água com o mesmo fim, mas não por ser pior para a aranha. É o pior que se pode fazer, e eu acho que posso acrescentar, é o pior que se pode fazer *para a aranha*, mas não porque a aranha nota a diferença. Se alguém tentasse ensinar a seus filhos a não fazer esse tipo coisa ou mesmo a não fazer aranhas descerem pelo cano do mictório ou da pia, esse alguém seria sábio ao resistir a dizer, "Imagine só como se sentirá a aranha." A razão para isso não se refere ao fato de a aranha sofrer de uma maneira ou de outra, mas ao fato de nós nunca sermos capazes de entender seu sofrimento. O que se pode fazer quando alguém especula sobre os sentimentos da aranha, além de sacudir os ombros? Idem para o pensamento mais radical que a aranha deve sentir alguma coisa, embora jamais saibamos o quê. É possível sugerir que, diante da suposição de que ser empurrada pelo encanamento adentro deve causar alguma sensação à aranha e que essa sensação provavelmente não é boa, devemos agir como se as aranhas e os insetos pudessem ter sensações. Não importa o que se diga sobre o assunto (e não foi muito, eu acho), deve-se reconhecer que não se pode sentir pena de uma criatura baseado apenas na suposição de que isso seja provavelmente o que se deve fazer. De longe, a melhor conclusão é que a especulação sobre a vida interior de insetos não tem nenhum papel, e não deve ter, no sentimento de pena que, às vezes, nutrimos por eles.

"Pobrezinho Ser Vivo." É isso que está no centro da reação de Bonatti. Vida, no entanto, é uma palavra com muitos significados. Plantas também são seres vivos, mas não são criaturas animadas. Se o deslizamento de uma pedra tivesse pulverizado uma planta enquanto Bonatti se encontrava ali sentado na base da montanha, então, mesmo que ele tivesse uma boa razão para temer também por sua vida, ele não sentiria ter um destino mortal em comum com a planta, seja qual for o caso, não um destino como o que se entende quando ele diz "pobrezinho ser vivo". Sua reação quanto ao destino da borboleta se baseia no páthos de seu bater de asas enfraquecido, na sua sensação diante da cilada em que ela se encontrava e na percepção sobre a borboleta ter-se sentido atraída por um lugar que lhe viria a ser fatal e que podia ser fatal também, muito provavelmente, para ele mesmo. Tudo isso o capacitava a pensar na borboleta como uma vítima do azar. Por razões semelhantes, podemos pensar na aranha descendo pelo buraco da pia como uma vítima de nossa arrogância impensada.

Não faria sentido dizer tudo isso em relação a plantas, mesmo quando sentimos por uma ou outra — árvores, por exemplo — uma afeição maior do que aquela que nutrimos por insetos. Quando milhares de árvores foram arrancadas na Inglaterra durante a grande tempestade de 1987, a nação se sentiu de luto. Um indivíduo pode lamentar a perda de uma árvore especial, que ele conhecia há muitos anos e, acho que é certo dizer, que ele passou a amar. Embora possa ser pesaroso ver uma árvore desfigurada pela ação de um raio, ou em consequência de uma doença, não é provável que a vejamos como uma vítima do azar. Embora uma pessoa possa aprender a amar uma árvore, acho eu, e não um inseto, e embora a destruição de uma árvore possa nos afetar de uma maneira que a morte de um inseto jamais faria, o sentido de como uma árvore vive ou morre é muito distante do sentido de como outras criaturas, inclusive insetos, vivem e morrem para que sintamos por elas o que Bonatti sentiu pela borboleta. Sua frase "meu irmão de infortúnio" é a expressão exagerada de algo que achamos ser inteligível, quer dizer, ele deve ter a sensação de um destino comum com a borboleta. E que se torna inteligível, por sua vez, porque somos capazes de descrever a borboleta como um ator de um drama que terminaria por consumi-la. Por essa razão, a palavra "morte" tem uma aplicação mais substantiva quando falamos de uma borboleta ou de uma aranha em comparação com uma árvore, mesmo que ela morra dramaticamente, atingida por um raio.

Cactos enormes crescem nas regiões de rochas vulcânicas ao redor de Maldon, no centro de Victoria. Aos meus olhos, quando atingem seu tamanho máximo, ganham um ar magnífico sobre as colinas entre os pedregulhos de granito, mas eles se tornaram uma praga em alguns lugares. Espalham-se à distância e com muita rapidez, de modo que não é fácil erradicá-los. Posso imaginar um fazendeiro levado à loucura por causa deles com sua serra elétrica, deitando-os ao solo e abrindo grandes fendas em suas bases carnudas. O resultado é grotesco, pois dá para ver ali a ferocidade do ataque do fazendeiro. É possível imaginar o fazendeiro no pé da colina empunhando sua serra com um vigor selvagem, maníaco, tentando fazer o impossível: matar plantas de uma maneira usada para matar criaturas animadas. Tenho quase certeza de que ele encontrava estímulo nesta ilusão pelo fato de que o cacto morto, com suas bases perdendo a cor para sombreados de amarelo e laranja, manchadas do violeta de suas frutas destruídas, fizeram com que as áridas encostas pareçam o cenário de um massacre.

O nosso entendimento sobre insetos e aranhas como objetos inteligíveis do tipo de piedade que Bonatti mostrou parece depender de nossa atribuição, a eles, de uma diligência, de aplicarmos a eles, de modo substantivo, a distinção entre o que eles fazem e o que meramente acontece com eles. Fazemos distinção, por exemplo, entre uma aranha perseguindo uma presa ou tentando escapar de um predador em movimento por ter sido arrastada por um poderoso golpe de vento. Também fazemos essa distinção em relação aos robôs, é verdade, mas quando dizemos que os movimentos de um robô são "meramente mecânicos", que robôs não têm iniciativa, supomos, acho eu, que tudo que "fazem", "fazem" entre aspas.

Algumas pessoas acreditam que nada sobre a forma como vemos um inseto, nada do que podemos perceber realmente, pode nos dizer se ele é mecânico em seus movimentos. Apenas o conhecimento sobre eles terem ou não poder de escolha, desejos e sentimentos poderá nos esclarecer essa questão, dizem. Se um inseto não tiver vida interior, sensações, desejos, então (continuam os que aderem a esse pensamento) ele não se diferencia significativamente de um ser mecânico. É por isso que as teorias que explicam o comportamento, inclusive o humano, sem referências ao estado psicológico oculto, e especialmente sem referências a estados que incluem desejo e poder de escolha, são ditos "mecânicos".

Tudo isso é meio verdadeiro. Não fosse por nossa imediata prontidão em dizer que a mariposa agoniza, que a mosca se contorce e a aranha tenta escapar do buraco da pia, não poderíamos nos sentir como nos sentimos e nem reagir como reagimos em relação a elas. Nada mais seria tão adequado à força da exclamação de Bonatti "Pobrezinho ser vivo". Mas se alguém disser que os movimentos dos insetos não são causados por um estado interior de consciência, que eles, assim como as máquinas, "fazem" coisas entre aspas, então é importante perguntar de onde essa pessoa tira essa ideia e por que fala com tanta certeza. Está escrito nas estrelas? Claro que não. Seria possível suspeitar de que sua confiança se sustenta na suposição contida, e não examinada, de que falamos sem hesitação daquilo que os insetos sentem, e distinguimos o que eles fazem do que acontece com eles e dentro deles porque supomos que insetos possuem o que justificaria, em termos psicológicos, a aplicação dessas distinções? Mas só isso já é uma grande suposição sobre o que dá sentido aos nossos modos de falar, uma suposição que também achamos necessária no caso dos animais.

A piedade de Bonatti, no caso da borboleta, não poderia ter tomado a forma que tomou se ele acreditasse na luta do inseto contra seu aprisionamento no gelo somente como uma maneira de falar. Ver seus movimentos como uma luta é, acho eu, a conquista de uma faculdade imaginativa capaz apenas de ver ali uma criatura enredada em um drama. E isso, suponho, não é tão dependente quanto interdependente de nosso entendimento de que borboletas e aranhas não são apenas seres animados, mas também, embora de maneira muito limitada, que elas têm uma *vida* que pode ser interessante para nós. Talvez isso seja mais verdadeiro em relação às aranhas, se comparadas às borboletas. Por um período que dura semanas, assistimos a uma aranha construir sua teia, e reconstruir quando alguém a danificava, perseguir uma presa apenas para tornar-se ela mesma a presa e escapar para a segurança de sua teia com algumas pernas a menos, mas ainda capaz de dar seu jeito com as pernas restantes, e assim por diante. Isso é coisa comum no dia a dia, mas encará-la como um drama, ou mesmo cultivar por ela algum interesse requer um certo tipo de imaginação. Ver o drama que consumiu a borboleta como Bonatti viu significa possuir esse tipo de imaginação em um alto grau.

Não é uma imaginação especulativa, não a imaginação que iria em busca de algo oculto no interior da mente de um inseto. Tudo está na superfície, se a pessoa tiver, é claro, um entendimento imaginativamente rico da superfície. Lembre-se das palavras da personagem de Coetzee, em *The Lives of Animals*: "Não é do feitio do animal sentir o horror intelectual: todo seu ser está na carne viva. Se eu não for capaz de convencê-lo, é porque minhas palavras, aqui, não têm o poder de fazê-lo entender a totalidade, ou a natureza inabstrata, desintelectual, do ser animal". O poder que ela desejaria dar a suas palavras não é o poder de levar alguém, especulativamente, para o que está oculto atrás da pele do animal. É o poder de mostrar que tudo que interessa está lá, que nada está oculto, que a capacidade de ver depende de um rico conceito da superfície, um rico conceito sobre o que é estar vivo e, portanto, sobre como descrever o que esse ser faz e sofre. Por isso, continua ela, "insisto que é preciso ler os poetas que trouxeram o ser vivo elétrico de volta à linguagem". E ela fala do "ser vivo elétrico" dos animais. Mas seria possível falar do "ser vivo elétrico" dos insetos.

Se a nossa dificuldade, quando pensamos em aranhas, é uma dificuldade relativa ao saber como as coisas subjetivamente lhes parecem, então ela será, irresistivelmente, uma dificuldade em saber sobre uma coisa que está oculta. No entanto, devemos resistir. Nossa dificuldade é a mesma, senão maior, em saber se faz sentido aplicar certos conceitos. Mas sobre esse pensamento quero falar com cautela. Eu não negaria — com certeza não negaria totalmente — que poderemos descobrir que as aranhas têm algo que funciona como nosso sistema nervoso. Se realmente descobrirmos isso, então seria razoável dizer que teríamos uma base para acreditar que elas têm sensações. Haveria, acho que todos concordam, problemas para estabelecer por que concluímos que seu sistema nervoso é semelhante ao nosso. Sabemos, afinal, que insetos reagem ao calor e ao frio e a coisas que nos causam dor, mas isso não prova que suas reações sejam mediadas por sensações. Se a coisa identificada com um sistema nervoso meramente mostrasse as conexões causais entre insetos que se aproximam do calor da lâmpada e em seguida tentam evitá-lo, nosso ceticismo não seria mitigado. Seria possível continuar nesta linha, mas não vou insistir.

Suponhamos, então, que pesquisas científicas nos convencessem de que as aranhas têm sensações. Há duas inferências que não devemos fazer. A primeira é que a ciência nos permite dizer que agora sabemos o que antes apenas supúnhamos: que a distinção entre o que uma criatura faz e o que acontece a ela se aplica às aranhas plenamente, e não apenas entre aspas. A segunda é que o absurdo de acreditar que as aranhas têm uma rica vida interior, com capacidades reflexivas, é apenas o absurdo de acreditar em algo que obviamente é falso. Resistir a essas (admitidamente tentadoras) inferências é importante para definir o espaço conceitual correto para descobertas científicas sobre insetos.

Às vezes, dizemos que uma coisa é absurda, que não faz sentido, pois sabemos que supô-la iria de encontro ao que a ciência estabeleceu, ou ao senso comum, e que, portanto, não precisaria ser estabelecido (que a grama é frequentemente verde, por exemplo). Às vezes, dizemos que uma coisa "não é possível", querendo dizer que as leis da natureza a tornam impossível. Se alguém dissesse que a terra é plana, ou que unicórnios e sereias existem, ou que Elvis Presley está vivo e muito bem de saúde, diríamos que nada disso faz sentido. Mas se alguém disser que pode haver camundongos como o Mickey, que falam e se apaixonam, que discutem com seus vizinhos e saem por aí dirigindo pequenos carros, será que pensaremos a mesma coisa que pensamos quando rimos da alegação de que existem unicórnios? E o pensamento de que as pedras se ressentem quando são movidas, ou de que minhas calças se aliviam quando eu solto o cinto é absurdo da mesma forma que pensar que Elvis está vivo e trabalhando para a CIA? Acho que não. Enquanto as primeiras alegações são absurdas porque vão de encontro aos fatos estabelecidos ou contra o que todo mundo sabe sobre as leis da natureza, a segunda vai de encontro ao que se pode dizer de maneira inteligível, ou o que as palavras de uma pessoa podem significar de maneira inteligível, dada a vida que essas palavras têm em nossa língua.

Não temos dificuldade para entender como seria se houvesse unicórnios, ou se Elvis estivesse vivo e trabalhando para a CIA, mas estaremos errados, acho eu, se acreditarmos que é possível conceber seriamente como seria se existissem pedras e calças com vidas psicológicas, ou camundongos como o Mickey. Há, é claro, um sentido no qual podemos imaginar calças com uma vida interior. Podemos fazer uma animação — com o zíper no lugar do nariz, o gancho como a boca, e assim por diante. Poderíamos desenhar um balão e escrever qualquer coisa nele. Mas o que somos capazes de imaginar nesse sentido não é o mesmo que aquilo que realmente podemos conceber. Não há nada que se possa supor seriamente para embasar tais proposições. "Aranhas com uma rica vida interior", ou "pedras com uma rica vida íntima" são enunciados que não encontram lugar nas frases que podem ser verdadeiras ou falsas, como prefiro colocar, que não encontram espaço nas discussões que afirmam ou negam os fatos. A ideia, embora extremamente improvável, de que aranhas pensam em matemática é como a ideia de que possa haver, embora também seja improvável, camundongos como o Mickey. A suposição de Jeffrey Masson de que as aranhas podem ter uma vida interior intensa também é assim, e é por isso que eu disse que seu absurdo não é o absurdo de uma proposição obviamente falsa. Sua incapacidade de ver a diferença é sua incapacidade de ver a diferença entre questões sobre o que é possível saber e questões sobre o que restringe a aplicação de certos conceitos.

A imaginação é, portanto, um dom muito complexo. A grande dificuldade na filosofia, que tanto depende de experimentações do pensamento, frequentemente precedidas de um convite para imaginar uma coisa ou outra, está na distinção entre uma imaginação que parece dar sentido ao que parece absurdo e uma imaginação que expande nosso senso daquilo que se pode seriamente conceber.

A imaginação pode nos entreter e também pode nos ajudar a entender o mundo. Nessa segunda tarefa, aponta-se com sua função mais criativa a geração de hipóteses a serem trazidas diante de uma corte na qual a ciência e a filosofia de orientação científica são os juízes. Essa é uma das importantes funções da imaginação para nos ajudar a entender como são as coisas neste mundo. Mas "mundo" é uma palavra com muitos significados. A imaginação funciona de maneira distinta quando opera no mundo do significado e, conforme já sugeri, responde neste caso a um conjunto variado de conceitos críticos, em comparação com o que acontece quando opera no mundo do fato. Ao reagir à descrição de Bonatti, consigo ver como as coisas podem ser entre seres humanos e insetos. Implícitas nessas observações estão algumas implicações de como se pode agir em relação a elas. Tudo isso está ligado a um sentido bastante substancial de "ver insetos de maneira diferente", de "entender mais profundamente o que eles são". A vida imaginativa com a linguagem pode nos ensinar quando os conceitos podem se aplicar e quando não podem. Rhees nos mostrou quando é possível aceitar um "sabíamos que só tínhamos um ao outro". A autoridade da piedade de Bonatti ampliou nosso entendimento da ressonância de "pobrezinho ser vivo" e de "meu destino é o teu destino". Talvez alguém seja capaz de argumentar que eu estou afirmando que a poesia pode nos mostrar como as coisas são. E estou. Esse argumento revela uma incapacidade para entender como a linguagem crítica funciona quando trabalha no campo do significado e como ela é interdependente de uma substancial concepção de "como as coisas são", da tentativa de ver as coisas como elas são e não como elas geralmente parecem ser quando sucumbimos às quase infinitas formas de sedução praticadas pelo "implacável ego obeso".

Em *Romulus, My Father*, descrevi a atitude de meu pai em relação a outras pessoas como "fatalismo compadecido". Não me referia a nada metafísico com a expressão. Quis dizer que ele achava que a condição humana se definia por nossa vulnerabilidade ao azar.

Mas agora, quando penso nisso, percebo que sua conduta em relação à vida como um todo se delineava por algo como essa mesma atitude. Sua conduta em relação aos animais que ele criava e amava certamente se delineava dessa maneira. Ele tinha prazer com eles, mas sua atitude em relação a eles tinha sempre as cores da piedade por sua vulnerabilidade e especialmente por sua vulnerabilidade à crueldade humana. Seu sentimento de piedade era extensivo a todas as coisas vivas, às árvores que o preocupavam quando se deformavam por alguma doença, e aos campos rachados pela seca, à grama geralmente dourada no verão pintada de branco e à terra com largas fendas, algumas com cerca de dez centímetros de largura e três metros de comprimento. Mostrava-se mais impressionante, no entanto, em seu comportamento em relação a suas abelhas.

As abelhas sempre inspiraram afeto nos seres humanos, porque elas nos dão o mel, porque são símbolos de empreendedorismo e porque já conhecemos há tempos a sua extraordinária vida "social". As formigas inspiram um respeito semelhante porque têm algumas dessas qualidades — são empreendedoras e também interagem de forma complexa —, mas não chegam a despertar o afeto. Em nossa imaginação, elaboramos a associação entre abelhas, flores e dias quentes, e por elas morrerem após nos picar, prontamente as perdoamos pelo mau que nos causaram, mesmo sabendo que elas podem ser fatais quando atacam em enxame.

Talvez seja por isso que meu pai consentia as picadas e nunca usava roupa protetora quando capturava uma colmeia em uma árvore próxima ou quando retirava uma caixa. Embora jamais tenha sido picado como era de se esperar, as dolorosas picadas devido à sua recusa em usar roupas protetoras foram o suficiente para me despertar a curiosidade. Quando lhe perguntei o porquê da recusa, ele disse que não as via como inimigas contra as quais ele precisava se proteger. Não entendi totalmente a resposta. Nem ele, suponho. Mas ela tinha a ver com sua caridosa compaixão por elas e certamente fazia parte desse sentimento.

Às vezes, nas manhãs frias, ele encontrava abelhas caídas na relva, fora da colmeia e aparentemente mortas. Ele as coletava na palma da mão e as levava para a cozinha, onde as colocava sobre a mesa. Então, pegava uma lâmpada elétrica e a movia de um lado ao outro, cerca de uns quinze centímetros acima delas, de modo a lhes aquecer sem prejudicá-las com superaquecimento em qualquer parte de sua anatomia. Na primeira vez que o vi fazer isso, eu me comovi com seu cuidado e carinho, e senti-me arrebatado pelo resultado. Gradualmente os sinais de vida iam se revelando. Pernas crispavam tão sutilmente, que era possível duvidar, e depois se moviam com mais firmeza, de modo que pude perceber que as abelhas recuperavam suas vidas com a ajuda desse gentil operador de milagres. Logo tentavam se equilibrar sobre as pernas e, quando conseguiam, muitas vezes com uma pequena ajuda nossa, meu pai as enxotava para fora da mesa com o lado da palma da mão para sua outra mão em cuia, como fazemos com o farelo de pão, mas com muito cuidado, e então as levávamos para o lado de fora, onde elas alçavam voo.

Ele nunca me contou por que elas caíam para fora da colmeia. Não sei se sabia ou se tinha alguma teoria para explicar. Ocorria-me que elas talvez fossem trazidas para fora por outras abelhas, e que toda manhã coletávamos e salvávamos as mesmas abelhas.

Embora fosse amável com suas abelhas, meu pai detestava moscas. Se entrasse uma em sua cozinha, o que acontecia com certa frequência, não descansava até que a tivesse matado. Tornou-se especialista em capturá-las. Investia contra elas com a palma aberta em um movimento certeiro, atingia-as e rapidamente cerrava o punho. As pessoas podem se tornar obcecadas com as coisas que as irritam, mesmo que sejam coisas inanimadas como a poeira ou as folhas que caem no quintal durante o outono. Mas, para meu pai, as moscas não eram apenas irritantes, ou absolutamente irritantes: eram um inimigo a ser aniquilado, e ele as matava com total satisfação. Embora fosse um homem sábio e pensativo, estou certo de que jamais lhe ocorreu imaginar se havia alguma tensão entre sua atitude em relação a suas abelhas e aquela que dedicava às moscas.

A atitude de meu pai em relação a suas abelhas me comoveu e transformou meu entendimento sobre o mundo dos insetos. No correr dos anos refleti a esse respeito, mas não por causa de qualquer alerta para novos fatos sobre as abelhas, nem porque sua atitude me fazia questionar se os fatos que já conhecia exigiriam que eu avaliasse minha conduta em relação aos insetos à luz de princípios que até aquele momento havia aplicado apenas à minha conduta em relação a outros animais. Ele me ensinou o que poderia ser a compaixão por um inseto e o que um comportamento em relação a eles poderia significar. Ensinou-me com esse exemplo, embora não veja nele um exemplo capaz de me apresentar a alguma coisa que eu pudesse analisar independentemente da autoridade com a qual essa atitude me comoveu.

Quando tinha mais ou menos a mesma idade de quando me falou tão segura que uma pessoa não pode sentir dor no bolso, minha filha Katie e eu assistimos a um programa de televisão, desses que falam da vida natural. Vimos pequenos roedores, ainda mais feios que filhotes de ratos, sob a areia desértica da Arábia Saudita. "Olha só isso", disse eu. "Eles não são horríveis?" Quase sem hesitar, ela respondeu que eles também eram criaturas de Deus.

Senti-me humilhado com sua resposta, envergonhado de fato, devido a suas palavras tão simples terem evidenciado a rudeza de minha atitude. Não encontrei palavras que pudessem expressar melhor e ao mesmo tempo de maneira tão simples essa maravilhosa aceitação de todas as criaturas vivas. Mais tarde, após sofrer a influência de diferentes professores, ela veio dizer "Pobre natureza", quando inadvertidamente pisava em uma lesma ou qualquer outra pequena forma de vida, ou mesmo quando, sem querer, esmagava uma flor sob seus pés. Achei que isso pudesse ser uma forma pouco profunda de panteísmo, modulado por um ambientalismo de moda, uma triste mudança em relação à maneira como ela havia antes enxergado o mundo natural.

Se tivesse considerado sua observação anterior sobre aqueles roedores, feios que eram, também serem criaturas de Deus a expressão de um argumento que se fundamentava em especulação metafísica sobre as causas da vida — especulação de um tipo que se considera estar em competição com explicações naturalistas sobre o universo —, eu não a teria achado tão impressionante. Teria dito que, embora algumas pessoas acreditem nisso, esse não era o meu caso. Mas, da forma como foram pronunciadas, suas palavras me silenciaram completamente. É verdade, eu não disse sim, são criaturas de Deus, e se ela me perguntasse na ocasião se eu acreditava em Deus, eu não teria sido capaz de dizer que sim. Digo isso, que não teria sido capaz de dizer que sim, em vez de simplesmente dizer que não acreditava, ou que era agnóstico, porque não sei se entendo o que significa acreditar em Deus e não sei que tipo de crença é a crença em Deus.

Ao admitir que não sei se entendo o que significa acreditar em Deus posso irritar algumas pessoas, eu sei, já que elas associam isso a uma tentativa de eu me agarrar a benefícios emocionais de religião, enquanto me recuso a aceitar as responsabilidades intelectuais da crença. Proposições religiosas são claras o bastante em seus significados, diriam elas. Mas a única questão realmente séria é se elas são ou não verdadeiras. Tentar sugerir qualquer outra coisa poderia incentivar o obscurantismo. Essa é uma discussão antiga. Uma discussão que põe em lados opostos aqueles que acreditam no Deus dos filósofos e aqueles que proclamam o Deus da religião.

O Deus dos filósofos é uma entidade metafísica cujas propriedades, ou mesmo a própria existência, são dadas à razão do tipo descrito acima — a razão idealizada que opera perfeitamente quando está livre de perturbações da vida humana prática ou afetiva. O Deus da religião, por outro lado, se define pela necessidade de que a crença Nele deve aprofundar nosso vulgar entendimento humano sobre o que realmente importa na vida. Ninguém pode seriamente dizer "Parece ordinário, sentimental, banal, mas é a minha religião e é verdadeira, apesar de tudo". Argumentos religiosos são sempre plenamente elaborados no campo do significado. Argumentos metafísicos sobre o Deus dos filósofos, por outro lado, são mais claramente elaborados quando se vê o mundo a partir de nenhum lugar do mundo. Pelo menos é nisso que seus defensores acreditam. O Deus da religião conhece nossos pecados, nossos prazeres, nossas aflições e tudo mais em nossos corações. O Deus onisciente dos filósofos sabe tudo isso e ainda sabe nossos endereços eletrônicos. Os que acreditam nesse Deus não se detêm diante da banalidade do entendimento sobre o que significa dizer que Deus sabe tudo. Mas, para aqueles cujo Deus é o Deus da religião, isso representa uma má interpretação da gramática sobre como as pessoas falam seriamente do Deus que sabe tudo de suas vidas religiosas, de oração e adoração.

As palavras de Katie me silenciaram porque repercutiam em uma parte de nossa tradição religiosa na qual falar do mundo como uma criação de Deus é, ao mesmo tempo, falar deste mundo com gratidão, como um bom mundo que para nós é uma dádiva. Nessa tradição, as pessoas não acreditaram primeiro em Deus para, num passo seguinte, talvez de inferência, talvez de fé, acreditar que o mundo como Ele criou é um mundo bom. A crença em Deus como o criador do céu e da terra não pode ser separada de um sentimento de gratidão pelo mundo que Ele criou para nós. Uma desilusão com esse último representa uma diminuição da crença. Alguém dizer que sabe da existência de Deus, mas não sabe ao certo se o mundo que ele criou merece nosso amor incondicional, é tão estranho, nessa tradição, quanto dizer que se sabe que há um Deus, mas não se sabe se foi ele quem criou o mundo. As palavras de Katie me silenciaram e me constrangeram porque eu as tomei como uma expressão das verdades profundas dessa tradição, e também por esse motivo sua expressão panteísta logo em seguida, sobre condolências à natureza, me pareceu superficial.

Embora o amor incondicional pelo mundo talvez tenha sido expresso de modo mais simples e elegante em nossa tradição religiosa, esse amor não depende de uma crença religiosa explícita ou de um comprometimento metafísico. Em *O mito de Sísifo*, Albert Camus expressou esse amor, não apenas negando esses comprometimentos, mas corajosamente rejeitando-os, e fez isso também implicitamente e de maneira muito bonita e sem pretensões filosóficas em seus ensaios líricos sobre as cidades e as paisagens argelinas. Pablo Casals também fez referência a ele em sua autobiografia.

Nos últimos 80 anos, comecei todos os dias da mesma maneira. Não se trata de uma rotina mecânica, mas algo essencial para meu cotidiano. Sento-me ao piano e toco dois prelúdios e duas fugas de Bach. Não posso pensar em agir de outra forma. É uma maneira de bendizer a casa. Mas não é só isso. É também uma redescoberta do mundo do qual eu tenho o prazer de fazer parte. Faz-me consciente da beleza da vida e desperta-me um maravilhamento por eu ser humano...
Não me lembro de ter vivido um dia em minha vida sem que tenha reparado com espanto renovado no milagre da natureza.

Por já ter citado essa passagem em outras ocasiões, peço desculpas àqueles que já tiveram a oportunidade de conhecê-la em outra leitura, mas não conheço nada que expresse de modo tão preciso, tão breve e, no meu entender, de modo tão convincente um amor incondicional pelo mundo sem comprometimento religioso. Casals diz que não houve um dia de sua existência "sem que [ele] tenha reparado com espanto renovado no milagre da natureza". Não acho que ele queria dizer apenas que ele teve sorte de poder experimentar durante 80 anos tudo aquilo que a maioria de nós espera poder experimentar ocasionalmente, quando acordamos numa bela manhã de primavera com a sensação de como é bom estar vivo. Acordar sentindo-se dessa maneira é realmente um prazer, e poder sentir-se assim dia após dia seria uma maravilha. Mas essa experiência repetida todos os dias durante 80 anos só pode ser uma possível repetição de uma coisa que aconteceu apenas uma vez. Não poderia, em si, fornecer uma perspectiva do mundo a partir da qual o suicídio pudesse parecer, como era para Camus, uma espécie de ingratidão, e também não seria capaz de nos mostrar a perspectiva a partir da qual a busca pela lucidez pudesse parecer um gesto de gratidão por uma vida valorizada como um dom.

Casals não fala especificamente da vida como um dom, e nem precisa disso. Todo o trecho foi escrito num tom de agradecimento. Se alguém fosse perguntar se é possível reagir lucidamente à vida como se ela fosse um dom, sem perguntar quem nos conferiu esse dom, eu diria a essa pessoa que o trecho de Casals citado acima mostra que sim. Iria além. Para quem afirmasse haver desonestidade intelectual em querer falar da vida como um dom sem que se pergunte quem nos presenteou com esse dom, eu responderia que se esse pensamento literal tiver de ser resgatado da banalidade, então falar da vida como um dom divino deve incluir o mesmo amor do mundo que Casals disse sentir. Mas é possível conseguir isso se simplesmente concordarmos com uma série de proposições metafísicas? E se a metafísica não for capaz de nos levar até lá, então por que precisaríamos dela?

Imagine o seguinte: uma pessoa crê numa causa inicial, criadora do mundo, que ela chama de Deus; então, a pessoa acredita que Ele nos deu a vida e que a sustenta em cada um de nós, e que Ele nos conferiu a vida como um dom, e então ela acredita que a vida é um dom que nos desperta um sentimento de agradecimento e que é, portanto, merecedora de nossa eterna gratidão. Outros podem querer encurtar esse caminho, mas meu raciocínio, assim espero, é claro ainda que controverso. Uma série tão longa de inferências não é capaz de conduzir uma pessoa ao ponto em que Casals chegou para conseguir expressar seu amor pela beleza do mundo e sua gratidão por uma vida que lhe parece ser um dom.

Simone Weil, que escreveu sobre o amor à beleza do mundo com uma delicadeza para mim inigualável, disse que esse amor era uma forma do amor implícito dedicado a Deus. Não é possível negar que existe um abismo entre aqueles que podem pronunciar o nome de Deus numa oração e num gesto de adoração, aqueles que podem dizer de todo coração que o mundo é criação de Deus e que Ele ama todas as suas criaturas, e aqueles que não são capazes disso. Mas dizer de todo coração que todas as criaturas sem exceção são criaturas de Deus não é simplesmente confirmar com sinceridade uma proposição metafísica sobre as origens causais da vida na Terra.

Quando Katie gentilmente me repreendeu, não foi apenas o espantoso edifício metafísico construído por teólogos e filósofos enquanto elaboravam o Deus dos filósofos que me silenciaram, apesar de sua qualidade impressionante. Foi a angustiante beleza de algumas expressões do amor pelo mundo e suas criaturas que suas palavras faziam lembrar, o hino à gratidão pela vida de Casals entre elas. É impossível imaginá-lo a levantar-se após tocar piano e a sair por aí esmagando insetos ou arrancando as pernas de aranhas. Seria possível imaginá-lo sair à caça de moscas para matá-las com doce satisfação? Sobre isso, não tenho nada a dizer.

ℒocais 𝒮agrados

A exclamação de Katie, 'Pobre natureza!' — uma preocupação generalizada e não totalmente autêntica com o mundo natural — foi um triste retrocesso em relação à sua afirmação sobre todos os animais, sem exceção, serem criaturas de Deus. Tinha, no entanto, a única vantagem de integrar uma preocupação com animais a uma preocupação com o mundo natural de uma maneira mais geral — com as coisas vivas, como gramas, flores e árvores, que não são criaturas animadas, e também com a natureza inanimada. Quase trinta anos antes de começar a escrever este livro, pensei em escrever sobre os seres humanos e sua relação com a natureza, contando histórias sobre a minha experiência nas montanhas. Agora, depois de tantos anos, vou resumir tudo em um capítulo. O livro seria, acho eu, a expressão de algo como um estranho elo com os animais, sem ser, ao mesmo tempo, uma expressão de amor à natureza.

Estávamos exaustos. Parecia que nenhum de nós havia carregado uma mochila antes. Eu não ia além da mercearia da esquina desde de que tirara minha carteira de motorista cinco anos antes. Agora precisávamos descansar depois de carregar nossas mochilas de 30 quilos por três dias, subindo e descendo as trilhas íngremes das terras montanhosas e cobertas com densa floresta, conhecidas como Fiordland. Fomos parar lá porque um amigo neozelandês me convenceu a "andar por aí", como eles costumam dizer. Enquanto meus companheiros descansavam na cabana, decidi caminhar um pouco na direção da serra que define o contorno de um dos lados do Vale Hollyford. Chovia, mas o vento ia alto e as nuvens se agitavam dramaticamente no céu, mostrando, de vez em quando, um pedaço de céu azul, e me incentivando a acreditar que, quando eu chegasse à serra, seria capaz de ver o outro lado do vale — cheguei, e nada pude ver. Desapontado, voltei-me para retornar à cabana, mas dei somente alguns passos até que algo me vez desistir. Através dos espaços entre as nuvens, no outro lado do vale, vi uma montanha de imensa nobreza e um rastro de flocos de neve ao vento. Era o Monte Christina. Quase levado às lágrimas diante de sua beleza, decidi me tornar montanhista.

De volta à Austrália, comprei um manual do montanhista (o famoso Blackshaw), botas, corda, mosquetões e fitas, e, junto com alguns amigos ansiosos, saí em busca de um penhasco para escalar. Lembro-me bem da primeira vez, numa bela manhã no início do verão, esse mesmo amigo da Nova Zelândia e eu paramos diante de um penhasco com cerca de 80 metros de altura, em uma região de floresta densa na Austrália, e, com nossos corações saindo pela boca, nos prendemos à corda. Logo que pus minhas mãos na face da montanha, experimentei uma sensação que iria saborear em muitos anos seguintes — o toque sensual das mãos na rocha quente, dedos tateando seus contornos à procura de um ponto de apoio. Escalei os primeiros 10 metros e pude saber que estávamos comprometidos. O orgulho somente era capaz de dizer se atingiríamos o topo ou cairíamos.

Igualmente viva é a lembrança de uma cena cômica que ocorreu cerca de um mês mais tarde, quando eu estava sobre um pequeno platô, a mais ou menos 80 metros de altura, em uma face íngreme e, em alguns pontos, negativa da montanha. Era mais um bonito dia de verão, e eu aproveitava a sombra de uma dessas negativas enquanto apreciava os campos dourados de trigo de Wimmera. Estava preso à parede da rocha e fazia a guiada para meu amigo neozelandês. Pela quantidade de corda que havia liberado, pude estimar que ele estava uns seis ou sete metros acima de mim, mas a negativa me impedia de vê-lo ou ouvi-lo. Parecia já ter passado um bom tempo desde que ele começara a enfiada, e embora fosse a primeira vez que ele guiava a enfiada, o dia estava tão lindo, o cenário tão arrebatador e a aventura tão envolvente que a ansiedade não tinha espaço em minha mente.

Apenas comecei a assobiar uma música quando uma lasca de pedra passou por mim. Ela mal desapareceu, e meu amigo passou atrás num mergulho silencioso — pois, conforme me disse mais tarde, estava muito apavorado para gritar. Fazer a negativa esgotou-lhe a força dos braços, que caíram como blocos de madeira, e ele se soltou, deslocando a lasca de pedra. Quando o vi passar por mim em seu voo, fiquei chocado demais para fazer qualquer coisa senão não segurar a corda com força. Não faço ideia de quantos metros de corda passaram por minhas mãos enluvadas, mas quando parou e eu percebi que ainda estávamos atados a cada uma de suas pontas e ainda bem alto, mas não no sopé do paredão, gritei tão alto e tanto que devo ter sido ouvido a quilômetros de distância nos campos de trigo e talvez até mesmo em Natimuk. Toda a parafernália — os lais de guia que nos atavam à corda, o nó-oito que me ancorava à minha segurança, os móveis que fixamos nas fendas para assegurar a guiada — funcionou exatamente como Blackshaw disse que funcionaria se fizéssemos tudo certo. Eu mal podia acreditar. O custo não passou de um osso fraturado no calcanhar de meu amigo, por ele ter ido de encontro ao paredão quando interrompi sua queda.

Fomos acusados de irresponsabilidade por escalar daquela maneira, sem treinamento prévio com montanhistas experientes. Talvez fôssemos mesmo irresponsáveis, mas os clubes de montanhismo eram impensáveis para nossos temperamentos anarquistas. E instintivamente sabíamos que encarar o desafio sozinhos, apenas na companhia do Blackshaw e de histórias de outros montanhistas, nos proporcionaria uma aventura única e intensa que não teríamos a chance de experimentar, se tivéssemos a segurança de alguém experiente conosco. Não perderíamos essa aventura por nada.

Mesmo assim, eu refletia frequentemente sobre a acusação de que havíamos sido irresponsáveis. Jamais a levei a sério quando partia de pessoas do tipo que sobrecarregam jovens alpinistas com excesso de meias e suprimentos de emergência, capazes de fazê-los serem apanhados pela noite porque suas mochilas estavam muito pesadas. Nem quando partiam daqueles — frequentemente os mesmos — que desejariam que as montanhas sempre tivessem uma aparência de perigo e não de realidade. O montanhismo é degradante, se a possibilidade da morte não for lucidamente aceita. Descobrir quando se está diante da morte, ou após a morte de um companheiro, e que você escalava apenas porque jamais realmente acreditou que poderia morrer, é uma experiência degradante para qualquer um com qualquer tempo de experiência em montanhismo. Isso acontece porque, para a maioria dos montanhistas, arriscar a vida é parte integrante da experiência que os atrai para as montanhas. Se fôssemos imortais, o montanhismo não existiria ou existiria de uma forma irreconhecível. O risco de morte é inseparável da intensidade do prazer que os montanhistas muitas vezes experimentam e se remoem para experimentar novamente. É um prazer que amam sentir desde que estejam realmente prontos para morrer. Se descobrem que tudo não passava de ilusão, que, no fundo do coração, jamais acreditaram que poderiam morrer, essas experiências intensas se tornam inúteis.

É claro que é possível ter experiências cuja intensidade depende do risco de morrer numa escalada solo em um boulder de seis metros, praticando sky-diving ou pilotando um carro de corrida. Mas, para a maioria dos montanhistas, prazer intenso é o prazer que vem da beleza das montanhas e que eles experimentam como uma dádiva recebida apenas porque arriscaram suas vidas para experimentá-lo. Isso é romantismo, é claro, com tudo que se supõe nele haver, mas é um romantismo temperado com habilidade e concentração necessárias para nos mantermos vivos por mais de uma temporada no topo das montanhas.

Vulnerável a esse romantismo, jamais me entreguei totalmente a ele, pois, durante todos os anos em que pratiquei o montanhismo, tive a consciência de como isso incomodava meu pai. Ele jamais entendeu totalmente meus motivos e desdenhava o pouco que podia entender. Ele escalaria também, costumava dizer, se fosse necessário buscar comida ou ajuda médica para sua família, ou por qualquer outra necessidade que se apresentasse à guisa de obrigação. Sua atitude era do tipo que movia os pobres da Europa, para quem a necessidade — especialmente a necessidade de suprir a família — era capaz de redimir e dignificar uma vida cujo peso esmagador pudesse levar ao desespero.

Minha atitude em si era suficiente para ofendê-lo, pois eu escolhera fazer o que pessoas sãs não fazem, a não ser que seja absolutamente necessário. Ainda mais profundamente, no entanto, ele se ofendia — às vezes eu achava que para ele tudo isso era obsceno — por eu ser capaz (para ele era assim) de achar que minha vida valia tão pouco. Certas experiências por ele vividas o fizeram enxergar o suicídio como algo terrível, mesmo quando não causava dano a ninguém e quando não expressava nenhum desvio de caráter, como a covardia diante da necessidade de lidar com problemas. Duvido de que ele tenha considerado o montanhismo como algo moralmente terrível. Schopenhauer percebeu algo importante na atitude, em relação ao suicídio, de pessoas como meu pai, quando disse que o problema do suicídio é demasiadamente profundo para a moralidade.

Meu pai acreditava que a morte de um montanhista era tão terrível como a morte de um suicida. Na circunstância de real necessidade, ele costumava dizer, a coragem dos montanhistas era uma virtude, mas, quando praticado com inconsequente falta de

168

apreço à vida e às responsabilidades com os outros, ele passa a ser uma falsa virtude. Trazia-me, assim, à lembrança um filósofo que comentara a antiga doutrina, encontrada em Platão, Aristóteles e posteriormente em São Tomás de Aquino, em que as virtudes formam uma unidade e não seria possível ter uma, a menos que se tivesse também várias outras. Esses filósofos sustentavam que uma pessoa que arrisque a vida por uma causa perversa pode demonstrar coragem, mas a coragem não era uma virtude naquela pessoa. A raiva que meu pai sentia por eu praticar montanhismo era, em parte, alimentada por um temor pela minha segurança, mas também se baseava em uma crença de que isso se opunha a tudo que aprofundara sua vida e lhe despertara a gratidão.

Muitos montanhistas realmente inserem o que fazem em vários conceitos de necessidade. Dizem que precisam escalar, que não podem fazer nada para evitar. Bonatti, em passagem já citada, amaldiçoava sua necessidade de se afirmar e desejava ser como a maioria das pessoas. Para ele não se tratava de uma necessidade de se afirmar diante de outros, mas de provar para si mesmo que ele possuía certas virtudes, mesmo diante da morte — não a morte nas montanhas, mas a morte próxima.

A maioria das pessoas vive a vida sem a preocupação de ter ou não coragem de enfrentar a morte. Mas, para alguns, pode ser muito importante saber o que fariam se estivessem em um trem sentadas ao lado de uma pessoa cuja segurança estivesse ameaçada por uma gangue de justiceiros. Interfeririam ou continuariam ali bem quietas, torcendo para não serem incomodadas? Será que essas pessoas perguntam-se o que fariam, se morassem num país em que um vizinho pudesse desaparecer no meio da noite levado pela polícia secreta? A coragem física foi desvalorizada na maioria das democracias ocidentais, onde felizmente a coragem moral raramente depende de seu apoio. Muitos povos do mundo não têm a mesma sorte.

Não é por serem mórbidos, entretanto, que homens como Bonatti são torturados por dúvidas sobre sua coragem. Nas montanhas, não procuram descobrir que tipo de montanhista, mas sim que tipo de homem são. É por isso que é tão humilhante se saber covarde, mesmo que ninguém sofra as consequências de nossa covardia. E saber que a covardia nos levou a abandonar um parceiro é devastador. As amizades entre as pessoas mais improváveis que começam nas montanhas podem se sustentar por toda a vida, pois um sabe que pode contar com a coragem do outro. E, é claro, velhas amizades desmoronam por um montanhista ter se mostrado covarde. Embora seja devastador perceber a própria covardia, ter coragem para escalar uma montanha não é uma boa razão para se achar que será corajoso em qualquer outra situação. Uma coisa é arriscar a vida e enfrentar a morte em uma nevasca ou diante da queda de um companheiro; outra é enfrentá-la vestida de uma lenta doença degenerativa; e ainda uma outra é ter coragem de se manter humano em um campo de concentração.

A maioria dos montanhistas, acho eu, não trata as montanhas meramente como um ambiente preferível no qual eles podem aprender sobre si mesmos aquilo que pilotos de corrida aprendem igualmente. Muitos (embora talvez nem todos os escaladores de montanhas rochosas) amam estar nas montanhas, e, mesmo que prefiram as montanhas às terras baixas ou ao litoral, o amor que sentem pelas montanhas é uma expressão de seu amor à natureza. Esse amor se revela no amor pela montanha, da mesma forma como o amor pela humanidade pode se revelar na maneira como se ama os amigos, ou o amor pelas mulheres, na maneira como se ama uma mulher. O amor que sentem pela natureza não apenas cria mais uma razão para explicar sua necessidade de escalar — ele geralmente transforma essa necessidade. O autoconhecimento que precisam buscar não mais se resume a descobrir se eles possuem essa ou aquela virtude, ou essa ou aquela falha. Buscam conhecer-se através de um entendimento da condição humana e, nas montanhas, buscam um entendimento da condição humana em sua relação com a natureza.

Ao escrever em uma publicação especializada em resposta a acrimoniosas discussões sobre a ética do montanhismo — sobre quando é necessário usar um piton ou uma chapeleta, ou quando, nos Himalaias, é possível usar uma escada, e assim por diante — um reconhecido montanhista inglês argumentou que um julgamento à luz das paixões da discussão pode nos levar a pensar que ela não se resume em si mesma, mas trata da "verdadeira ética", com o que quis dizer "moralidade", "regras" que regem nossas relações com pessoas e não com penhascos e montanhas. A literatura do montanhismo é obviamente repleta de histórias heroicas e nobres de pessoas que se sacrificaram por outras, mas o debate sobre a "ética do montanhismo" normalmente gira em torno de limitações relativamente artificiais impostas às maneiras como se deve escalar uma montanha ou a face de uma rocha.

Embora a escalada em rocha possa vir a ser um esporte olímpico, as grandes discussões no montanhismo não tratam de padrões para reger a prática, do mesmo modo que as regras de qualquer esporte determinam o que os jogadores podem fazer. Isso acontece porque todos os esportes são artefatos, por assim dizer, criados por suas regras, e essas regras podem ser criadas e modificas por um comitê. Não pretendo com isso tornar trivial o esporte. A preocupação com o caráter é fundamental na maioria dos esportes. Nosso interesse por eles é raramente um mero interesse pela maneira como a máquina humana pode funcionar, mas se traduz num interesse pela forma como o ser humano pode superar o cansaço, a desmoralização e as tentações de ser mau perdedor ou trapaceiro. Se não fosse assim, o esporte não teria a menor importância. Mas penso que nenhum desportista pode dizer em sua defesa, se burlar as regras do jogo, que sua consciência exigiu que ele fizesse aquela jogada.

Montanhistas podem ser competitivos e vaidosos num nível assustador, mas a reflexão sobre como se deve legitimamente escalar uma montanha não tem como objetivo aumentar as dimensões competitivas da prática. Em lugar disso, visa a alertar à irmandade dos montanhistas sobre como os avanços nas técnicas de escalada e na tecnologia de equipamentos podem ameaçar nosso respeito pela montanha, um respeito que, em sua melhor expressão, é aprofundado pelo amor à sua beleza. Essa, mais do que a tendência de montanhistas a ter espírito anarquista, é a razão pela qual as discussões sobre a ética do montanhismo não se resolve em um comitê. Assim como a moralidade, a ética do montanhismo parece ser uma questão de descoberta, em vez de decisão, e, até um certo ponto, uma questão de consciência.

Quando um bom montanhista escalou um pico nos Andes com um martelo pneumático usado para prender chapeletas e, acho eu, escadas de alumínio para ajudá-lo em sua empreitada, a indignação foi geral por ele ter tornado as coisas mais fáceis para ele. Ainda mais profunda, no entanto, foi a indignação por ele ter violado a montanha e ter traído o amor pela natureza, que deveria estar no fundo do coração dos montanhistas.

O escritor que fez a distinção entre a verdadeira ética e a ética dos montanhistas estava mais errado do que certo. É um velho artifício da moralidade fazer parecer que apenas o valor moral pode ter importância para uma pessoa séria, e que essa pessoa jamais poderia, exceto por confusão ou engano, achar que qualquer outro valor pudesse competir com o valor moral. O artifício tem sido notadamente bem-sucedido. Já que a necessidade de escalar está, às vezes, tão claramente em conflito com as obrigações familiares — a morte pode privar uma família de um dos pais —, ela é, às vezes, transformada em necessidade moral para que possa parecer mais respeitável quando em conflito com outras obrigações morais. Assim, o montanhista dividido entre sua necessidade de escalar e as responsabilidades com sua família parece apenas uma pessoa dividida entre duas obrigações morais conflitantes. Se não for assim, ele é totalmente irresponsável ou sofre de necessidades patológicas.

Na minha opinião, é um conceito moralista da moralidade que toma para si todo valor sério com o qual entra em conflito. É preciso resistir a suas exigências imperiosas. A necessidade de escalar pode ser enorme, e, quando é assim, sua grandeza não é meramente psicológica. Pois embora possa se. verdade que a necessidade de alpinistas é, em parte, uma necessidade de ser fiel a si mesmo, os valores à luz dos quais eles compreendem o que é ser fiel a si mesmo não são redutíveis a uma psicologia de valor neutro. Às vezes — em seus melhores momentos —, as necessidades do montanhismo, as razões que as movem, são como necessidades morais, levam em consideração o interesse alheio e, também como as necessidades morais, são distorcidas quando alguém tenta explicá-las com uma psicologia que apenas leva em conta interesses pessoais.

Como outros valores, os valores mais profundos no montanhismo podem transparecer em aparentes detalhes triviais. Mesmo quando a necessidade de escalar é justificadamente chamada de necessidade espiritual, na qual outras necessidades de, por exemplo, autoconhecimento são transformadas por um amor quase místico pela beleza do mundo percebida do alto da montanha, ela pode transparecer na atitude de uma pessoa ao usar pitons e chapeletas, ou mesmo na maneira como cada um escala. A vergonha de se deixar, por falta de preparo ou habilidade, arrastar pela pedra, preso a uma corda como um saco de batatas, pode ir muito além do orgulho pessoal. Pode ser uma expressão do respeito pela montanha. Ninguém que escale uma montanha por sua beleza poderia escalá-la dessa maneira. Escalá-la adequadamente, com elegância e sem o uso excessivo de equipamento, pode ser uma expressão de amor pela montanha em lugar de uma expressão da necessidade de sempre aperfeiçoar os padrões individuais, de escalar sempre montanhas mais difíceis e de modo cada vez mais elegante como um ideal em si.

Muitos montanhistas falam de sua relação com a montanha com palavras normalmente usadas para falar de relação com as pessoas — falam de respeito à montanha, de gratidão por terem escapado, apesar de sua escalada inconsequente. Às vezes, falam obsessivamente das montanhas como inimigos a serem vencidos. Mas certamente nenhum montanhista acha que as montanhas são pessoas. Montanhistas falam com metáforas que lhes permitem, às vezes intensamente, expressar o fato de sua vontade ser limitada pelas necessidades que em nada se parecem com as regras de um jogo e também não se parecem com nada que um grupo possa impor, e falam também que são movidos por necessidades cuja natureza deve ser explicada por coisas externas a ela.

É certamente verdade que ninguém pode racionalmente sentir-se culpado diante de uma montanha. Ninguém racionalmente sente remorso por usar mais pitons do que deveria numa escalada. As montanhas não podem se sentir injustiçadas. E, se alguém se sentir envergonhado por fazer uma escalada com uso excessivos de equipamentos, não ficará envergonhado diante da montanha. Mas isso não pode nos levar a concluir que as referências que consideram os interesses alheios sejam ilusórias, que a vergonha se refere a interesses pessoais, que é uma função dos padrões de conquista e de caráter que a pessoa estabeleceu para si.

Um outro tipo de exemplo pode ajudar a esclarecer o que quero dizer. Lembro-me de uma ocasião em que caminhava com o amigo de meu pai, Hora, quando ele parou com a expressão de seu rosto transformada pelo maravilhamento. "Veja", disse ele, "veja como a vida é impressionante." Ele apontava um tufo de grama que brotara de dentro de uma rachadura no muro. Ele sabia, é claro, que havia uma explicação perfeitamente natural para esse tufo de grama ter conseguido crescer ali, uma explicação que qualquer um poderia aceitar, sem reagir como ele reagira. E essa mesma explicação revela que, considerado apenas como um evento, isso não deve causar maravilhamento. Hora sabia de tudo isso. Ele não expressava espanto ou surpresa. Expressava sua reverência à natureza, uma reverência que sempre fizera parte dele, e que, diante da visão daquele tufo de grama, se revelara novamente com mais intensidade.

Suponha que houvesse conosco mais uma pessoa e que, ouvindo a exclamação de maravilhamento de Hora, tenha esmagado o tufo de grama com o pé — por estar chateado com Hora, digamos —, arrastando a sola para cima e para baixo, até que nada além de uma mancha verde restasse. Há mais de uma razão para essa pessoa, mais tarde, se sentir envergonhada. Ela poderá se envergonhar da maneira como sua atitude foi direcionada a Hora, que ela sabia ser um bom homem. Ela poderá se envergonhar da mediocridade de sua ação e da rudeza que ela revelou. Mas, além disso, ela poderá se sentir humilhada pela reverência à vida que Hora expressou sentir e chegar a perceber, no que então fez, não apenas a expressão de motivos pequenos e baixos, ou uma ofensa a Hora, mas uma ofensa à vida que ele admirava. Hora jamais agiria como essa outra pessoa, e uma explicação dessa impossibilidade não deve considerar apenas Hora, mas o mundo revelado em seu maravilhamento.

Assim as coisas poderiam acabar para a pessoa que esmagou o tufo de grama. E assim é para o montanhista que não pode continuar a escalada, mesmo sabendo que poderia fazê-lo, se usasse mais chapeletas. Para entender por que ele não pôde continuar, não se deve considerar sua psicologia, mas um entendimento de como ela pode ver isso como um desmerecimento. O amor em todo lugar se distingue de suas versões falsas pela forma com que se respeita a realidade, independentemente daquilo que se ama. Isso é óbvio no caso dos seres humanos, mas também é verdade para animais e para a natureza.

Tanta conversa sobre o amor pela natureza pode parecer um exemplo do romantismo que antes eu queria manter afastado. A grande tradição do romantismo da montanha se concentra nos Alpes Europeus. Embora suas montanhas sejam grandes, nobres e selvagens, quando as escalamos não estamos longe da civilização. Uma hora apenas antes de chegar a uma paisagem deserta de rochas e gelo, é possível caminhar por um campo verde. Ao descer do mundo desolado de glaciares e picos, desabitado e intimidador, o rugido do choque entre pedras e avalanches ainda em seus ouvidos, é difícil descrever o prazer de deitar sobre a grama alta, macia, verde, em meio a flores silvestres, ouvindo os sinos nos pescoços de cabras e vacas, e cochilar por mais ou menos uma hora antes de partir para a cidade. Durante algum tempo após a intensidade das glórias e misérias de uma escalada alpina, o retorno à cidade é perturbador, alienante mesmo, mas um enorme pote de sorvete francês seguido de uma salada com azeitonas em um café, cercado de pessoas normais, gradualmente nos faz retornar ao mundo humano e a uma aceitação ambivalente do nosso cotidiano. Em todas as cidades alpinas é possível ver jovens, homens e mulheres, cujos rostos deixam transparecer o prazer de suas aventuras ou, às vezes, revelam o terror das avalanches e tempestades na altura das montanhas, ou a amarga exaustão de seus esforços para aceitar que um companheiro de escalada está morto. Em nenhum outro lugar do mundo, na minha opinião, é possível experimentar contrastes tão dramáticos como nos Alpes Europeus. Isso tem alimentado o romantismo em muitas gerações de montanhistas.

Na Austrália pode ser diferente. Embora as montanhas não sejam dramáticas, elas são distantes e seus flancos são frequentemente cobertos de uma vegetação impenetrável. No inverno de 1971, bem antes do surgimento do ecoturismo e antes ainda do aumento da popularidade do ski, fui com três amigos ao Cradle Mountain National Park, na Tasmânia. Estávamos à procura de uma escalada no gelo, nos vales que cortavam os precipícios verticais do Monte Geryon. Até onde sabia, tínhamos o parque todo para nós. Certamente, não vimos ninguém nas duas semanas que estivemos por lá. Junto com o equipamento e as roupas especiais, tivemos de carregar comida suficiente para uma quinzena. Nossas mochilas pesavam um pouco menos de 40 quilos. Quando caíamos, e isso era frequente, tropeçando nas raízes das faias ou na irritante barba-de-bode, não era possível levantar sem ajuda.

Saímos da ponta do lago St. Clair mais tarde do que devíamos e a noite nos alcançou logo que deixamos a floresta, com menos de um quilômetro pela frente até a cabana. Na escuridão, perdemos a trilha e nos vimos andando com dificuldade, às vezes com neve até a cintura, em uma área alagada. Nosso sentimento era de frustração, pois estávamos próximos à cabana, mas sabíamos que quase tínhamos pouca chance de encontrá-la. Finalmente chegamos a uma pequena ilha no alagado e decidimos armar a barraca para passar a noite.

Nossas roupas não secaram durante todo o tempo que ficamos no parque. Nunca antes nem depois, nem mesmo nas regiões alpinas mais altas, me vi num terreno, onde eu sentisse a natureza tão impiedosamente hostil. Embora nos proporcionasse visões de paisagens de beleza inigualável, em nenhum momento senti que elas nos eram oferecidas por simpatia. Após cerca de cinco ou seis dias, estávamos desmoralizados, especialmente por termos encontrado apenas neve fofa e nenhum gelo. Não pensávamos em quase nada além de comida e roupas quentes e secas. Lembrei-me do relato de Bonatti sobre a conquista italiana do K2. Após algum tempo, disse ele, os montanhistas já não sonhavam mais com mulheres bonitas, mas com *mammas* rechonchudas que lhes servissem saladas, massas e carnes, tudo bem fresco.

178

Um dia, decidimos escalar um pico bem acima da cabana. Decidimos ir direto à sua face principal, o que implicaria primeiro uma caminhada dentro da mata fechada. Levamos quase três horas para cobrir cerca de um quilômetro, abrindo caminho entre o emaranhado de árvores com os galhos batendo no rosto e neve entrando pelas mangas de nossos anoraques toda vez que levantávamos os braços para afastar os galhos. Maldizendo a natureza por não nos deixar, nem mesmo naquele dia após uma noite fria e úmida, desfrutar do prazer relativamente simples de escalar uma montanha próxima, chegamos finalmente à face e atingimos o cume no fim da tarde. Lá comemos chocolate e fumamos um cigarro, enrolado vagarosamente e sob efeito de dor com nossos dedos congelados. A vista do parque, com seus picos banhados pela luz avermelhada do fim da tarde, era de fazer qualquer um perder o ar.

Descemos. A encosta era íngreme, mas a neve, fofa, fresca — caíra na noite anterior —, e não usamos as cordas. Meu bom amigo, Dave, com quem já escalara muitas vezes e havia me segurado mais de uma vez em quedas durante escaladas em rocha, estava uns 50 ou 60 metros à minha frente. Urinava próximo a um arbusto que se elevava um metro fora da neve. Enquanto descia, escorreguei e comecei a deslizar na neve, nada grave, pois eu não iria muito longe naquela neve fofa. Mas a neve era fresca, estava grudenta e logo formou uma pequena avalanche. Quando me aproximei de Dave, percebi que ela já era grande o bastante para arrastá-lo. Não mais de 20 metros depois do lugar onde ele estava, havia um penhasco de, pelo menos, 80 metros.

Sentei-me e observei a avalanche ganhando velocidade e altura. Parecia certo que ela o derrubaria e o arrastaria até o penhasco, onde ele mergulharia para a morte. E eu continuava a observar tudo, como que em câmera lenta, de um modo imparcial, achando divertido e pensando, "que maneira para ele morrer, com as calças de alpinismo pelos joelhos". Ele se agarrou no arbusto e a avalanche passou.

Não muito tempo depois, vi um filme sobre uma conquista do Everest por um grupo inglês. Dois deles estavam arriscando chegar ao cume sem oxigênio. O líder deixou o corpo cair sobre a encosta, exausto. Seu amigo, companheiro de escalada por muitos anos, achou que ele tivesse morrido. Vasculhou os bolsos do amigo, à procura de castanhas. Já que estava morto, pensou, poderia comê-las. Ele não pensou em mais nada e não sentiu nada.

Quando falei da necessidade que muitos montanhistas sentem de buscar no montanhismo um entendimento de sua humanidade, expressei uma certa simpatia por essa necessidade. A minha própria sensibilidade foi amplamente moldada por ela e pelos efeitos da paisagem do meu tempo de menino. Não creio, no entanto, que um interesse de qualquer tipo pela natureza ou por animais seja essencial para um pleno desenvolvimento da humanidade de uma pessoa. Na moderna celebração da natureza e da vida selvagem, às vezes, corremos o risco de nos sentirmos superiores e até mesmo de desdenhar pessoas que não têm qualquer interesse na natureza e que são, de diversas maneiras, fisicamente incompetentes. Estamos sempre vulneráveis ao ideal de uma vida plenamente humana, uma vida na qual, segundo Marx, leríamos filosofia pela manhã, trabalharíamos à tarde e sairíamos para pescar à noite. Mas há pessoas que querem apenas ficar com a filosofia, que nunca saem das cidades, detestam animais e são completamente incompetentes quando se trata de fazer qualquer coisa com as mãos. O filósofo inglês Stuart Hampshire disse que qualquer pessoa com algum conhecimento de outras culturas e com um senso de imaginação sobre as possibilidades humanas deve perceber que há inúmeros modos de vida. Em uma frase memorável, ele disse que todos nós ficamos meio tortos na sepultura. Isso é meia-verdade.

Norman Malcolm relata em *Wittgenstein: A Memoir* que, quando o filósofo estava em seu leito de morte, ele pediu à sua faxineira para dizer a seus amigos "que a vida foi maravilhosa". Malcolm diz que acha muito comovente que Wittgenstein pudesse dizer isso em face da evidente miséria que marcara muitos anos de sua existência. Não sugeriu, no entanto, que a consciência daquela miséria pudesse dar uma razão para contestar o que dissera Wittgenstein. Wittgenstein não expressava em nenhum sentido comum uma avaliação de sua vida. Falava de uma gratidão incondicional a ela. Ninguém tem direito de desafiá-lo a qualificar sua gratidão.

Não podemos dizer de nenhum ser humano que ele não seria capaz de expressar a mesma gratidão de Wittgenstein. Apenas uma loucura arrogante poderia fazer alguém pensar que uma pessoa mantida toda a sua vida afastada do mundo natural não pudesse, lucidamente, dizer que teve uma vida maravilhosa.

Arrogância?

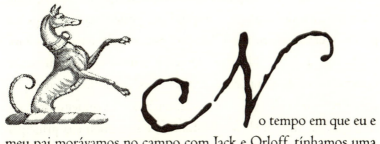

No tempo em que eu e meu pai morávamos no campo com Jack e Orloff, tínhamos uma vaca, Rusha, que nos deu muitos bezerros, todos batizados de Bimbo. Meu pai matou um deles para comermos. Eu não presenciei a cena. Quando retornou à casa após tê-lo matado, ele tremia. Aquela visão de meu pai perseguiu-me durante anos. Sabia que ele acreditava ter feito uma coisa horrível. Por ele ser meu pai e por eu ter apenas sete anos de idade, foi difícil acreditar que ele poderia estar de tal modo transtornado e confuso com o que havia feito.

Ficou agitado nos dias que se seguiram. Embora não falasse comigo sobre o assunto, pude escutá-lo falando com minha mãe e com o irmão de Hora, que o ajudara a matar o bezerro. Pelo que pude ouvir, soube que ele estava envergonhado, mas também pude sentir que sua agitação expressava algo mais profundo que a vergonha. Por razões que nunca ficaram claras para mim, meu pai e o irmão de Hora não conseguiram conter o bezerro, que terminou lutando muito com eles. Meu pai ficou mortificado, nem tanto por ter matado o bezerro, mas porque não condescendeu. Ele não conseguia conformar-se com a arrogância que demonstrara quando se recusou a ceder. Ter demonstrado ser esse tipo de homem foi a razão de sua vergonha. O que lhe calou mais fundo foi ele acreditar que havia agredido de alguma forma a ordem da natureza.

Eu disse anteriormente que o fatalismo apaixonado de meu pai se estendia a todas as coisas vivas e até mesmo à terra que as sustenta, sempre que as secas rachavam o solo, queimavam a grama até a morte e deixavam os campos com pouco mais que apenas poeira. Quando ele matou o bezerro, essa atitude ainda não estava totalmente amadurecida, mas alguns de seus sinais já podiam ser detectados em seu comportamento com Jack e Orloff. Somente após ele ter enlouquecido e os terrores da loucura o terem feito provar a amargura da aflição, ela se aprofundou e se tornou sua principal orientação. Sua reação ao modo como matou o bezerro, suponho, era uma sugestão daquilo em que ele deveria se transformar, era uma sugestão de como ele ofendera a compaixão que devemos sentir por todas as criaturas vivas. Ele jamais pensou em sua compaixão como uma atitude subjetiva apenas a ser projetada num mundo objetivo. Expressava-a como se fosse uma faculdade que revela o mundo como ele é. Foi o mundo, conforme revelara a compaixão, que ele acreditava ter ofendido quando se recusou a ceder.

Lamentos sobre a arrogância humana em relação a outras formas de vida são comuns e, às vezes, igualmente arrogantes no prazer com que debocham daquilo que pensam ser nossa vaidade e nossa pretensão de domínio sobre a natureza. Tal arrogância é um perigo intrínseco a muitas formas de lamento, já que elas são invariavelmente moldadas a uma certa distância de nossas preocupações humanas comuns. Às vezes, as distâncias são muito grandes para que alguém possa distinguir o tom de preocupações humanas autênticas do tom das preocupações do implacável ego inflado. Quando é um lamento do ponto de vista do universo, onde parecemos apenas "partículas de poeira", é impossível ouvir vozes localmente inflectidas como qualquer voz deve ser, se quiser revelar à nossa compaixão o significado daquilo que fazemos e sofremos. A conclusão não deve ser que nada importa objetivamente. Deveria ser, sim, que o conceito de algo que importe, que tenha significado, pode não ter nenhuma aplicação do ponto de vista do universo. A partir daí, nem a afirmação nem a negação de que alguma coisa importa faz sentido.

Albert Schweitzer foi acaloradamente ridicularizado por tentar evitar o pisoteamento de insetos. Ele expressou sua atitude em relação a todas as coisas vivas, inclusive micróbios que viu pelo microscópio como Reverência à Vida. E escreveu:

Comprometer-se a estabelecer universalmente distinções de valor válidas entre tipos diferentes de vida resulta em julgá-los pela distância maior ou menor que pareçam ter em relação a nós, seres humanos — como nós mesmos julgamos. Mas este é um critério puramente subjetivo. Quem entre nós sabe o significado de qualquer outro tipo de vida em si mesma e como parte de todo universo?

Admirável como foi Albert Schweitzer de diversas maneiras, isso é uma bobagem, mas não porque ele lamenta matar micróbios, embora eu deva confessar que isso me parece um tanto ridículo. Estou consciente, no entanto, de que os leitores podem sentir o mesmo sobre a autorreprovação que, como já disse, algumas pessoas poderiam sentir sobre abrir a torneira e fazer uma aranha descer pelo ralo ou mesmo sobre pisotear impensadamente flores silvestres. O que penso ser ingênuo em suas observações é o seu argumento de que, quando ele mata micróbios para salvar vidas humanas, faz um julgamento subjetivo. A partir de que perspectiva seu julgamento é subjetivo?

Objetivo e subjetivo são adjetivos que facilmente nos causam problemas; no entanto, assim acho eu, é incontroverso que a objetividade seja um conceito normativo. É uma coisa ruim falhar na objetividade, pois somente quando se é objetivo é possível "ver as coisas como elas são". Quando Schweitzer se desculpa por seu julgamento, ou faz algumas qualificações sobre ele por ele ser "subjetivo", parece estar dizendo que um julgamento objetivo deve estar claramente divergindo do seu, ou que não se pode fazer nada que se pareça com um julgamento objetivo. Acho que ele se referia à primeira alternativa, pois, se quisesse dizer que até mesmo em princípio não pode haver julgamento objetivo, então, é claro, não haveria sentido em "admitir", como se fosse um defeito, que o julgamento de alguém é o único tipo de julgamento possível.

Em discussões como esta é bom manter os pés no chão, embora, admitamos, esse não seja um bom lugar para se tentar ver as coisas do ponto de vista do universo. Mas é o único lugar, acho eu, do qual se pode chamar alguém — inclusive a si mesmo — à seriedade, ao tipo de sobriedade na qual é possível exigir que uma pessoa sustente suas palavras, de modo que ela e os outros possam entender que aquilo era realmente o que se queria dizer, ou mesmo que essas palavras tenham significado ou, caso elas realmente tenham significado, que seja possível dizer algo sério através delas. "Do ponto de vista do universo, nossas preocupações nada significam" é, suponho, uma frase cujas palavras significam algo, mas quando uma pessoa fala essas palavras, acho eu, ela pode não estar dizendo nada sério em qualquer coisa que se pareça um genuíno intercâmbio humano.

Cada vida humana é preciosa. Também preciosas, embora de maneira diferente, são as vidas de animais e ainda das plantas, árvores, do campo e do ambiente selvagem. O sentido de dizer que elas são, cada qual à sua maneira, vidas preciosas está em cada uma delas poder inspirar, como têm inspirado ao longo da história, reverência, embora a reverência se mostre de maneiras diferentes em cada caso. A reverência pela vida humana se mostra no tipo de limite que as outras pessoas representam para a vontade de cada um — do tipo que expressamos quando dizemos que elas possuem direitos incondicionais ou que são um fim em si mesmas. Mostra-se também, e dramaticamente, no remorso que uma pessoa sente quando transgride tais limites e mata outro ser humano. Sabemos que seres humanos podem se matar após terem se tornado assassinos ou cúmplices de assassinatos, e, mesmo que desejemos que não o façam, mesmo que os condenemos por tal ato, é parte de nosso entendimento sobre o que significa matar outro ser humano acharmos compreensível que eles queiram matar a si mesmos.

Citei anteriormente uma passagem de Isak Dinesen, em que ela diz que todos os pesares são suportáveis se contarmos uma história sobre eles e, em seguida, inseri uma qualificação de meu apreço por essa maravilhosa observação. Aqui vou incluir uma outra qualificação mais radical. Nossa resposta à morte imanente oscila entre um sentimento de solidão e o conforto do conhecimento de uma mortalidade compartilhada, mas a oscilação não é um sinal de dúvida. No entanto, apenas um remorso corrupto pode buscar conforto em uma comunidade de culpados. O remorso radicalmente caracteriza a vítima e também a pessoa que a afligiu. O desespero moral que o remorso pode trazer para uma pessoa, um desespero que pode levá-la ao suicídio, é, na minha opinião, a sombra psicológica moldada pelo fato de os culpados serem radicalmente singulares, uma sombra que obscurece a visão necessária para a reparação lúcida. Não chega mesmo a ser inteligível que uma pessoa deseje suicidar-se por ter matado micróbios ou insetos, e falhas morais em lugar de virtudes ficariam visíveis, se ela quisesse cometer tal ato por ter matado um animal. Se meu pai tivesse tentado atirar contra si mesmo dias após ter matado o bezerro, eu então não teria tomado seu ato como um sinal da profundidade de sua piedade com o bezerro, mas um sinal de que ele ficara desorientado.

A reflexão sobre o remorso e, é claro, a reflexão sobre suas diversas corrupções, podem nos ensinar muito sobre nosso entendimento do significado de molestar alguém. O remorso sóbrio e lúcido de uma pessoa culpada de assassinato pode certamente se basear em um sentimento de reverência à vida, ou da santidade da vida, mas qualquer explicação sobre o que vem a ser isso deve se concentrar no fato de a ofensa ser contra um indivíduo em particular e não contra a vida, ou o sagrado, em geral. Quando a pessoa tomada pelo remorso exclama em doloroso reconhecimento do significado de seu ato "Meu Deus, o que foi que eu fiz?", qualquer resposta que ela ou outra pessoa elabore não poderá ser tão genérica. A resposta não deve ser que ela violou um contrato social ou que traiu a racionalidade ou que causou ofensa à santidade da vida.

A razão é óbvia: uma resposta assim desvia a atenção do indivíduo atingido. Quando se trata do assassinato de um ser humano, se o indivíduo morto não for o foco do remorso do assassino, então, independentemente do que se entenda por reverência à vida, ele terá perdido o significado de reverência a uma vida humana ou a compreensão de sua sacralidade. Qualquer unidade que a palavra "vida" possa trazer a respostas éticas a todas as coisas vivas levará apenas à distorção, se a pessoa não estiver atenta ao fato de que "vida" é uma palavra com muitos significados.

Pensando nisso, filósofos têm sido atormentados pela maneira como o remorso se concentra no indivíduo atingido. Fred foi morto, mas o mal seria o mesmo se a vítima fosse Tom. O que faz um assassinato terrível não é a morte de Fred ou de Tom, mas a morte de uma vida humana, uma pessoa ou um agente racional, dizem eles. As características de Fred, que tornaram sua personalidade tão distinta, original e adorável, são irrelevantes.

É verdade. As características individualizadoras de Fred, a personalidade distinta que o transformaria na glória da celebração do liberalismo da individualidade, são irrelevantes para o terror moral de seu assassinato. Mas esse tipo de individualidade não é o que o faz insubstituível no sentido de que caminha junto com um conceito de sua preciosidade. A ideia de que todo ser humano, sejam quais forem as características individuais presentes ou ausentes, é precioso e insubstituível fundamenta nosso entendimento sobre o que significa afligi-lo. A diferença em nossa resposta a animais é uma função do grau em que esse tipo de individualidade é neles atenuado. Insetos não têm qualquer participação, e é por isso que ninguém poderia dizer seriamente que sentiu remorso por ter feito uma aranha descer pelo ralo da pia, ou mesmo por ter arrancado as asas de uma mosca.

O remorso é frequentemente caracterizado como arrependimento moral. Se remorso não é a palavra certa para descrever como uma pessoa se sente quando se repreende por ter feito a aranha descer ralo abaixo, é possível dizer que "arrependimento" parece ser o termo certo. Mas se alguém perguntar como o arrependimento pelo que se fez com a aranha difere do arrependimento de alguém por ter quebrado um vaso, mesmo que seja um vaso de grande valor sentimental e, portanto, insubstituível, a resposta parece ser que o arrependimento pelo que se fez com a aranha é um arrependimento ético. Isso não significaria que ele não se concentra naquela aranha que foi morta, mas apenas em uma característica eticamente repreensível do caráter dessa pessoa?

Penso que não. Ao tentar ensinar uma criança a não fazer as aranhas descerem pelo ralo, não se diz (ou não se deve dizer) "O que importa é seu caráter, e não a aranha". Se a aranha não tem importância — aquela aranha, em particular — fica difícil perceber o que preocupa no caráter da criança. Ou, para colocar de outra maneira, a menos que a criança se preocupasse com aquela aranha em particular, desistir de fazê-la descer pelo ralo da pia não teria o efeito desejado sobre seu caráter. Compare isso com a pessoa hipotética que transformou em nada o tufo de grama cuja presença reacendeu a reverência de Hora pela vida. Aquele tufo de grama não poderia, acho eu, inteligivelmente, ser o foco de seu arrependimento ou a base do caráter de sua vergonha.

A importância que conferimos ao indivíduo concebido como insubstituível e sua conexão com nosso entendimento sobre o que significa seriamente afligir alguém e a conexão de ambos com o que chamei de mundo do significado se apresenta frequentemente na vida. Enquanto escrevo, como estou fazendo agora, no rescaldo dos ataques terroristas de 11 de setembro, frequentemente reflito sobre o motivo pelo qual é tão inquietante ouvir pessoas dizerem que "eles" não valorizam o indivíduo, como o fazemos. Será que querem dizer que, enquanto nós, nas democracias liberais, valorizamos o individualismo como um ideal político, "eles" são muito mais coletivistas em sua ética? Não, o argumento de que "eles" não valorizam o indivíduo do mesmo modo que o fazemos equivale ao argumento de que a vida humana não importa para "eles" como importa para nós. É por isso que "eles" são capazes de fazer coisas tão terríveis.

Quem valoriza a vida individual da maneira como "eles" não fazem? Nós, das nações civilizadas, parece. Quem são "eles"? Os homens-bomba, é claro, mas também, acho eu, as pessoas de países de onde vêm os homens-bomba — pessoas de pele escura que moram, ou devem morar, de acordo com o que achamos, em países superpopulosos.

Certa vez, conheci uma mulher que ainda chorava a morte de seu filho morto recentemente. Ela disse, referindo-se às mães vietnamitas que vira na televisão chorando seus filhos mortos em bombardeios americanos, "É diferente para elas; elas podem simplesmente ter outros." Em meu livro *A Common Humanity: Thinking about Love & Truth & Justice*, eu a chamo de "M", e vou fazer o mesmo aqui. James Isdell, protetor dos aborígines do oeste da Austrália, pensava muito parecido sobre as mulheres aborígenes cujos filhos eram afastados delas. "Elas logo esquecem suas crias", dizia ele, explicando por que ele não hesitava "nem por um momento, na hora de separar crianças mestiças de suas mães aborígines, independentemente do desespero de seu pesar momentâneo".

Isdell e "M" não conseguiam ver que as vítimas de sua infamação racista podiam ser indivíduos no sentido como o entendemos

191

quando dizemos que todos os seres humanos são únicos e insubstituíveis, e ponto final. "Nossos" filhos são insubstituíveis, mas os "deles" são substituíveis mais ou menos da mesma maneira que nossos animais de estimação. Isso é o que "M" e Isdell achavam.

Observações desse tipo, feitas por M e Isdell, mostram até onde a difamação racista pode ir: atinge tudo que "eles" dizem e fazem. Nada — nem seus amores, suas tristezas, seus prazeres e ódios — pode se aprofundar "neles". Alguém que veja um povo dessa maneira não pode acreditar que eles podem se afligir como "nós", e de um modo tão profundo como "nós" podemos experimentar. No sentido mais natural da expressão, essa pessoa os vê como "não completamente humanos".

Não temos razões para acreditar que há povos ou raças que sejam como M e Isdell viam as vítimas de sua difamação — incapazes de manter relações que, em parte, condicionam e, em parte, expressam nosso senso de que todo ser humano é único e insubstituível como mais nada na natureza. O reconhecimento disso é o mais importante aspecto do reconhecimento de que todos os povos da terra compartilham de uma humanidade comum.

Frequentemente as pessoas dizem que, se pudéssemos ver e depois lembrar que, no fundo, todos os seres humanos são iguais, não teríamos razão para desejar um mundo justo. Há uma verdade nisso, mas apenas se nossa percepção do que temos em comum for além daquilo que M e Isdell concederam ter em comum com as vítimas de sua infamação.

Sabiam que, como eles, aborígines e vietnamitas formam laços, são mortais e vulneráveis ao destino, são racionais, têm interesses e realmente são pessoas. M e Isdell não sofriam de ignorância daquilo que comumente chamamos de fatos sobre as vítimas de sua infamação. Sofriam de cegueira semântica. Embora o pesar das mulheres que haviam perdido seus filhos fosse visível e audível, eles não viam nos rostos daquelas mulheres e nem ouviam em suas vozes um pesar que pudesse lhes lacerar a alma e deixar marcas para o resto de suas vidas. Não podiam ver que a sexualidade, a morte e o fato de a qualquer momento podermos perder tudo que dá sentido a nossas vidas podem significar para "eles" o mesmo que significa para nós. Porém, perceber especificamente essa capacidade em um povo é uma condição para perceber que a humanidade dele, como a nossa, é definida pela possibilidade de *sempre aprofundar* as respostas ao *significado* dos fatos da condição humana. É esse reconhecimento por trás da esperança de que a consciência plena em nossos corações, sobre todos os seres humanos serem semelhantes, traria consigo um desejo de justiça para todos.

Se M e Isdell não sofressem de cegueira semântica, se fosse verdade que os aborígines e vietnamitas são da maneira como eles os veem, a distinção que fizeram entre eles e nós seria uma distinção para marcar uma diferença típica, genuína entre membros de nossa espécie. Isso não significaria, claro, que o tratamento de Isdell em relação às mães aborígines se justifique. É possível enxergar os aborígines como Isdell fazia e ainda assim julgar cruel sua atitude, embora pessoas com esse julgamento possam não acreditar que isso constitua o mesmo tipo de aflição que sofreríamos em seu lugar. Alguns proprietários de escravos brancos reprovavam outros senhores de escravos pela forma cruel como tratavam seus homens, mas não percebiam nem por um momento — e nem mesmo achavam inteligível — que a escravidão em si constitui uma injustiça.

Há uma importante lição a ser tirada da reflexão sobre M e Isdell. As coisas que eles atribuem prontamente àqueles que julgavam não serem capazes de sofrer injúrias impingidas do modo como sofremos, quando nos afligimos mutuamente, são exatamente as mesmas que constituem as matérias-primas para grande parte das teorias sobre a natureza da moralidade e de sua autoridade sobre nós. No entanto, se eu estiver correto sobre nenhuma das elaborações do que M e Isdell admitem — que aborígines e vietnamitas são pessoas, são seres racionais, que eles são seres com interesses e assim por diante — serem capazes de levar alguém a um entendimento do que significa para nós nos afligirmos mutuamente, então minha certeza mostra o que admitimos quando consideramos qualquer uma dessas teorias um sério rival da caracterização reflexiva, e às vezes da reconstrução, de nossa vida moral. Admitimos exatamente o que essas teorias esquecem — o significado de uma injúria contra alguém. M e Isdell sofrem de cegueira semântica. As teorias que não contemplam o significado desse fato "sofrem" de esquecimento.

Os animais praticamente não têm o que M e Isdell estavam prontos para atribuir às vítimas de sua infamação racista. Essa é uma das razões pela quais não é possível atingi-los quando somos cruéis com eles da mesma forma que atingimos um semelhante num ato de crueldade. É por isso que não podemos ofendê-los quando os matamos da mesma forma que ofenderíamos um ser humano, se o assassinássemos. E é por isso que falamos tão naturalmente de nós e eles, de humanos e animais, em lugar de falar de humanos e outros animais.

Criaturidade

Quando eu era estudante, minhas três gatas ficaram grávidas ao mesmo tempo. De uma hora para outra, eram quatorze filhotes, e eu os dividi entre meus colegas da escola. Infelizmente, em menos de uma semana, a rinotraqueíte reduziu-lhes o número para apenas um. Não dava para dizer se a gatinha sobrevivente tinha sorte ou azar, com três mães neuróticas à sua volta. Sempre que queria fazer qualquer coisa — mesmo que fosse caminhar um pouco —, ela precisava enfrentar seus afetos frustrados. A primeira mãe a lambia tão forte a ponto de jogá-la no chão. Após levantar-se com seu pelo úmido e desarrumado, poderíamos dizer que, com sorte, conseguiria andar mais meio metro antes que a segunda e em seguida a terceira mãe fizessem o mesmo. Às vezes, tinha a felicidade de se livrar delas após as três lambidas. Em outras ocasiões, as carícias recomeçavam com a primeira mãe, após a terceira ter satisfeito suas necessidades maternais. A essa altura, a gatinha parecia ter sido jogada numa poça de líquido grudento. Seu humor não podia ser bom.

As quatro dormiam em um compartimento embaixo da escada. Um dia, recebemos a visita de uma senhora cega com seu cachorro, Jedda, um labrador simpático e bem adestrado. A porta do compartimento estava aberta. Embora fosse treinada, Jedda não resistiu e farejou, buscando confirmar suas suspeitas de que havia sentido a presença de gatos. Três gatos a voar com os dentes e garras à mostra foi a primeira cena de uma calamidade anunciada. Surgiram da escuridão do fundo do compartimento. O instinto materno frustrado, que se apresentava nas incansáveis lambidas, agora se mostrava mais dramático na ferocidade do ataque ao cachorro. Certamente pretendiam causar-lhe tanto dano quanto possível. A pobre Jedda nada pôde fazer. Talvez o que lhe restara de sua disciplina fez com que ela hesitasse, mas também é possível que ela estivesse muito chocada para se mexer. De qualquer forma, ela se manteve diante da porta do compartimento tempo suficiente para que os gatos a ferissem seriamente. Quando finalmente fugiu uivando pela rua, deixou para trás sua dona trêmula e salpicada de sangue. As gatas retornaram ao fundo do compartimento, aparentemente perturbadas por eu não tê-las protegido da necessidade de fazer o que fizeram.

Talvez, mais do que qualquer outra coisa, a visão de animais na companhia de suas mães nos inspire o maravilhamento — e em algumas pessoas, o desgosto — de nos reconhecermos nos animais e também de os reconhecer em nós mesmos. Frequentemente descrevemos o que vemos em comum entre mães humanas e mães animais como a expressão de um instinto materno, mas, nas nossas maneiras corriqueiras de dizer as coisas, acho eu, não damos significados técnicos a essa expressão. Queremos dizer apenas que isso faz parte da natureza. Mas quando refletimos sobre o que falamos, pressões culturais profundas nos levam a dizer que o comportamento e os sentimentos a que nos referimos como comuns a mães humanas e mães animais são o efeito de causas biológicas do tipo analisado pela teoria evolucionária. E isso, sabe-se muito bem, gerou grandes controvérsias orientadas por considerações políticas e teóricas sobre os papéis relativos da natureza e do cuidado materno na explicação do comportamento humano.

Pressuposta, mas quase nunca questionada nesse debate, está a crença de que as ciências naturais deveriam aprofundar nosso conhecimento sobre qualquer coisa atribuída ao inato, ao passo que as ciências sociais deveriam aprofundar nosso entendimento sobre qualquer coisa que se atribui ao adquirido. Essa crença certamente não é infundada, mas penso haver aqui muito menos verdade do que se pensava e certamente muito menos do que cada um dos grupos de cientistas gostaria de descobrir. De fato, em meu julgamento, a estreita percepção de possibilidades nela contidas distorce nosso entendimento sobre nossa criaturidade, e assim perdemos mais do que ganhamos.

Em parte, isso acontece porque a orientação ideológica por trás de algumas dessas discussões levou as ciências, especialmente as teorias evolucionárias mais populares, a irritantes caminhos reducionistas. Os dois lados tinham suas razões para querer desmistificar valores que muitas pessoas tomam como *sui generis* e passar a vê-los como a serviço de funções biológicas ou sociais. A vulgaridade agressiva da lembrança de Desmond Morris sobre até mesmo os astronautas precisarem urinar é semelhante ao espírito ridicularizador de seu livro *O macaco nu*, comum na literatura socioevolucionária desde então. Esse profeta do zoológico do Regent Park encarregou-se de nos censurar por levarmos nós mesmos e nossas conquistas culturais a sério demais e por nos esquecermos de que somos animais. O ponto retórico de grande parte dessa ridicularização não era simplesmente dizer que somos animais com alguns comportamentos que podem ser explicados por teorias biológicas. Era insistir na ideia de que somos animais em *nossa essência*.

Morris esperava nos incentivar a aceitar que a animalidade está no cerne de nossa identidade humana, mas nada na teoria evolucionária pode obrigar a aceitação do que é animal na natureza humana. O lamento de Swift, "Célia caga", não significou que ele ignorava o fato de que ela obedecia a um imperativo biológico e que morreria se a isso resistisse seriamente. Dizer a ele que esse imperativo é um fato da natureza é o mesmo que dizer a alguém acostumado a visitar diariamente o túmulo de sua mulher que não há sentido nisso, pois os mortos estão mortos e não ligam se alguém visita seu túmulo, mesmo que chova ou faça frio. Nenhuma das duas opções explica melhor uma atitude do que a simples *expressão* da atitude. Sobre as visitas ao túmulo, a pessoa poderia responder que ele sabe que sua mulher está morta, ou por que motivo estaria visitando sua sepultura? No outro caso, Swift poderia dizer que ele sabe que Célia precisa cagar, que há boas razões biológicas para isso, mas que é desagradável mesmo assim.

A resposta visceral de Swift fazia parte de uma rede mais ampla de significados, do mesmo modo que a aversão à sexualidade era parte de uma visão da "carne" — um conceito para o qual poucos encontram vez atualmente, e aqueles que o fazem são frequentemente levados a reconhecer que a língua capaz de revelar que seu uso é simplesmente mórbido já morreu dentro deles. Para nós, a plausibilidade de teorias psicológicas que fazem com que a aversão ao corpo pareça necessariamente uma patologia depende, acho eu, de um radical remanejamento do espaço conceitual no qual retiramos significado do corpo e não de um relato alegadamente neutro dos fatos de nossa natureza psicológica e biológica para confirmar esse remanejamento.

Será que a teoria evolucionária tem muito a nos ensinar sobre nossos sentimentos e comportamentos? Por sermos uma espécie evoluída, parece tentador pensar que sim. Mas acredito que não seja necessariamente desse jeito. A única coisa sensata a fazer é observar o que foi conquistado, mas certamente o julgamento de uma pessoa sobre isso será uma função de seu entendimento sobre sua tarefa. Um conceito bastante insubstancial de altruísmo fará com que até o comportamento de uma formiga-soldado pareça altruísta. Descrições daquilo que precisa ser explicado podem ser feitas sob encomenda para se adequar até mesmo aos mais tênues conceitos explanatórios de que se pode lançar mão. Esqueça as discussões seculares sobre o que significa amar o próximo. Essas discussões, de acordo com pessoas como Morris, são como aquelas que simplesmente precisam ser trazidas pelos que querem sempre lembrar as necessidades biológicas operantes até mesmo nos astronautas. Ou ainda, para ser mais justo, isso é o que a metade dele pensa. A outra metade contempla com humildade impressionante a complexidade do comportamento animal e a estranheza do reconhecimento da frequência com que as coisas que fazemos se parecem com coisas que eles fazem.

A título de exemplo daquilo que tenho em mente quando critico as tendências reducionistas em grande parte da teoria socioevolucionária, vejamos o conceito de modificação de comportamento. É um bom exemplo porque os posicionamentos equívocos do conceito funcionam nas ciências biológicas e na psicologia. Seria possível entender melhor o que se está fazendo quando, por exemplo, repreendemos uma criança que egoisticamente torna impossível a vida da família, se pensarmos que ela tem problemas comportamentais e que é preciso tentar encontrar os melhores meios de modificar seu comportamento?

Devo puni-la, suborná-la, ou isolá-la? Cada uma dessas descrições se refere não apenas a um instrumento que pode ser usado para modificar seu comportamento, mas também a ações e ao que elas podem significar. Cada uma delas implica uma relação radicalmente diferente com a criança, e essas diferenças são, em parte, morais. Se sou seu pai, eu posso ter o direito de puni-la: se não sou, não posso. De uma forma ou de outra, certamente eu a corromperia se a subornasse, e corromperia seu entendimento sobre o que fizera, bem como as respostas que eu poderia legitimamente provocar, se incentivasse seus irmãos a isolá-la. Dessa forma, eu os corromperia também. Certamente, essas considerações são morais, mas não se deve pensar nelas apenas como princípios que regeriam a escolha das técnicas de modificação de comportamento que devo empregar, consequentemente fazendo com que o conceito de modificação de comportamento seja notadamente aquele que possibilitará o entendimento de minha tarefa.

Se, depois de ler um importante pedagogo, eu decidisse encorajar seu ostracismo, alguém poderia me acusar de ter um entendimento corrompido e superficial da vida familiar. Poderia apontar as consequências nocivas desse tal ostracismo, mas, para entender plenamente o que significa sofrer essas consequências e o que significa um pai infligi-las a seu filho, para entender a injustiça e o mal que isso causa, eu devo pensar naquele campo do significado em que o conteúdo daquilo que considero não será separado de sua forma. Caso o pedagogo dissesse que, no fundo, o que quero é modificar o comportamento da criança, eu negaria. O que quero, na verdade, é mostrar a ela o que está fazendo e o que isso significa para o resto da família; quero fazê-la entender que obrigações e deveres sua atitude impensada impõe a seu pai. Outras coisas também, é claro, mas espero que isso seja o suficiente para mostrar que o entendimento caminha na direção do particular e se dá através da elaboração de distinções, e não de mesclagens. Quando carregada das conotações que possui na língua cotidiana, a expressão "modificação de comportamento" implica manipulação, o que quase sempre é injusto. Quando tenta se livrar de tais conotações, na esperança de se tornar um termo neutro numa ciência do comportamento, com o objetivo de assim encontrar na generalidade o entendimento aprofundado que a ela proporcionam as ciências físicas, impede o entendimento em lugar de facilitá-lo.

É assim com o entendimento das pessoas e, suponho, também com o entendimento dos animais. Isso está implícito nas descrições que forneci sobre meu relacionamento com animais e com aquilo que eles fazem. É por isso que endossei e desenvolvi a sugestão de Vicki Hearne de que disciplinar um cão significa educá-lo como a um cidadão, um processo que exige a distinção entre comandos dados com autoridade de direito e aqueles que não são, e entre estes e a força. Essa distinção exige um conceito substancial de respeito pela dignidade do animal, respeito do tipo lindamente ilustrado no relato de Rush Rhees sobre sua incapacidade de adestrar seu cão, Danny. É o respeito que sugeri quando disse que treinamos Gypsy para que ela se tornasse confiável, e não simplesmente previsível. Hearne afirma que tratadores comprometidos com as teorias behavioristas sobre sua ocupação conseguem êxito apesar das teorias e não por causa delas. Quando o adestramento se torna mais ou menos descritível em termos behavioristas, ele brutaliza o animal. Para mostrar que nada disso precisa ser sentimental, vou citar Hearne, por sua vez citando com aprovação o grande adestrador William Koehler sobre "humaníacos", que são:

> pessoas "carinhosas" que, em sua maioria, se parecem com o pai ou um tio "carinhoso" "que tinha um cão quase humano, capaz de entender cada palavra que se dizia, sem ter sido treinado"… Não raro operam individualmente, mas infligem as maiores crueldades quando amalgamados em uma sociedade. Facilmente se reconhecem através de seus sorrisos, semelhantes a panquecas dormidas, cobertas de geleia ressecada. Seus hábitos mais notáveis são o acanhamento quando os cães são efetivamente punidos e o sorriso aprovador quando uma dúzia de punições ineficazes parece apenas inflamar as tentativas maníacas de um cão lançar sua anatomia ao alcance de outro cão capaz de aleijá-lo em uma única e rápida escaramuça. Suas falas mais comuns são: "Eu não podia fazer isso — eu não podia" e "Minha nossa — minha nossa!" Mas essa voz não tem eco. E isso é de entender.

Minha discussão sobre o conceito de modificação de comportamento não tem a intenção de provar nada. Quer apenas sugerir, em primeiro lugar, que grande parte de nosso entendimento sobre comportamento humano e animal não pode, sem sérias distorções, ser abstraído do campo do significado e trazido para um campo impessoal de investigação fatual/científica e, em segundo lugar, que o entendimento no campo dos significados sempre caminha no sentido de descrições mais particulares e discriminatórias, afastando-se das mais gerais que melhor servem às ciências naturais.

Responder à questão sobre a teoria socioevolucionária tem nos ajudado no entendimento de nós mesmos e de nossas relações com os animais e com a natureza, de um modo geral. Vale a pena trazer essas sugestões para outros exemplos. Seria o conceito de acasalamento vitalício capaz de nos ajudar a entender o que celebramos na fidelidade ou, a propósito, em certas formas de promiscuidade? Seria o conceito de instinto territorial capaz de nos mostrar o que pode ser o amor pela terra natal e nos capacitar a distingui-lo do jingoísmo? Irão as teorias evolucionárias de altruísmo nos dizer, pelo menos, um pouco sobre a natureza da compaixão pelos que estão seriamente afligidos, ou de sua pureza quando todos os traços de condescendência estão ausentes, ou de seu poder de revelar a total humanidade daqueles cuja aflição a fez invisível? Em qualquer desses exemplos, seria ela capaz de nos ajudar a distinguir a realidade da virtude de seus diversos semblantes falsos? Se alguém nos conclama a refletir sobre o que fizemos quando traímos um parceiro de fé, ou apoiamos políticas assassinas em nome de uma lealdade jingoísta, ou se damos dinheiro a um sem-teto com condescendência indisfarçável, será que estamos lançando mão da teoria evolucionária para nos ajudar a compreender?

É inconcebível para mim que possa haver suporte na teoria evolucionária para o argumento de Sócrates de que é melhor sofrer um mal do que provocá-lo. A ética socrática é uma ética de renúncia. Exige que estejamos preparados para renunciar ao único meio de salvaguardar o que temos de mais precioso e que mais profundamente necessitamos, se esse meio for o mal. Sócrates ouviu, de quase todos para quem professou sua ética, que ele devia ser insensível em renunciar não apenas ao meio de proteger-se a si mesmo, mas também ao meio de proteger aqueles que dependiam dele. Mesmo sem concordarmos com ela, a ética socrática frequentemente se mostra nos modos como os dilemas se apresentam para nós. Nossa deliberação sobre a alternativa socrática para esses dilemas permanecerá inafetada, esteja a teoria evolucionária contra ou a favor dela. Se estiver contra — como, de certa maneira, aconteceu na voz de Nietzsche — nada nos leva a prestar muita atenção. Se estiver a favor, será sempre pelos motivos errados. Mas, nesse caso, agindo pelo motivo certo, ou melhor, com o espírito certo, é parte da essência.

A civilização, disse G. K. Chesterton, está presa a uma teia de aranha de distinções sutis. A teia de aranha é o campo do significado. Desbancadores de todos os tipos há muito desejam destruí-la. Diante de muitas distinções sutis, eles se tornam impacientes. Há muitas razões para isso, e elas dependem de temperamento intelectual tanto quanto dependem de outras considerações teóricas. Uma das razões importantes é que muitos desbancadores — pessoas para quem um impulso para o reducionismo se tornou um hábito — desejam algo robusto e acreditam que vão conseguir, se puderem reduzir as coisas a um objetivo social comum ou se puderem baseá-las em uma teoria sobre suas origens biológicas universais. Essas são aspirações do tipo básico — basicamente, todos os seres humanos são iguais; basicamente, o que é sensato na moralidade visa ao bem da humanidade, e assim por diante. É por isso que muitas pessoas recorreram à teoria socioevolucionária na esperança de encontrar uma ética transcultural, universal.

Diversas vezes, ao longo deste livro, reafirmei que o campo do significado não pode ser certificado pela razão, que não é "parte do tecido do universo", não é parte sólida da natureza, que deve ser reconhecida por todos que tiverem uma preocupação com a verdade e capacidade para encontrá-la. Nada faz com que argumentos tenham significados verdadeiros ou falsos, da mesma forma como o fato de estar chovendo torna verdadeira a afirmação de que está chovendo. F.R. Leavis disse que a forma de um julgamento crítico sobre um poema ou um romance é "É assim, não é?", e que a forma da resposta a ele é "Sim, mas..." É uma bela maneira de caracterizar a natureza essencialmente conversacional de julgamentos no campo do significado, bem como sua objetividade e sua incompletude necessária. Assume-se que o texto sempre estaria diante dos conversacionalistas e o incessante "sim, mas..." exige que estejamos sempre abertos a ele, em uma responsividade que é, ao mesmo tempo, vital e disciplinada pelos conceitos críticos constitutivos do pensamento no campo do significado. É por isso que Leavis estava certo quando resistiu aos filósofos que disseram ser possível, *a priori*, listar os critérios que distinguem respostas críticas boas e más. Não é diferente na vida. Não podemos dizer antecipadamente o que é possível nos campos do significado, pois não podemos dizer o que a responsividade vital, disciplinada por e disciplinadora de uma língua "usada em toda a sua extensão" irá nos revelar.

205

A sutileza da teia irrita algumas pessoas. Sua fragilidade lhes faz perder a coragem.

Tentativas de explicar e também de reconstruir nossos valores mais profundos à luz da teoria evolucionária pertencem a uma família de teorias éticas que supõe que esses valores servem a objetivos. É um pensamento natural, especialmente se a pessoa enxergar esses valores como prescritivos em sua essência, como valores que guiam a conduta por meio de regras ou princípios para a conquista de um suposto objetivo — o bem humano, por exemplo. Embora seja uma suposição natural, há uma objeção simples e, na minha cabeça, decisiva para ela. Para usar uma frase de efeito, a moralidade não serve a nossos propósitos, mas deles é o juiz. "Sobrepõe-se a ela como princípio adicional de discriminação" disse o filósofo galês J.L. Stocks. Se, por exemplo, o objetivo de alguém é viver com o mínimo de conflito possível, então essa pessoa irá pensar estratégias para tal. Seja qual for a sua escolha, ela será, em um primeiro instante, determinada pela avaliação dessa pessoa sobre sua capacidade de fazê-la conseguir seu objetivo. Isso — julgar meios eficientes para um fim — é a aplicação de um princípio de discriminação, aquele que faz parte do próprio conceito de objetivo. Haverá outros, mas após haverem tido sua vez, a moralidade entra como juiz. Alguns meios são eficientes, porém cruéis; alguns são menos eficientes, mas proporcionam um prazer a mais, o que seria bom, embora o prazer possa ser corrupto. Mas, para determinar que meios são decentes, não se deve considerar o fim a que a decência serve, pois esse fim não há. Se alguém sugerisse, por exemplo, que a substância da decência é servir ao fim de cooperação social, essa pessoa deverá descobrir que é a decência — ou, de um modo mais geral, a moralidade — o juiz das formas de cooperação social que podem ser decentemente desfrutadas. E assim é também para qualquer fim a que a moralidade supostamente deve servir, seja a prosperidade ou a felicidade individuais, o bem coletivo ou mesmo a sobrevivência da espécie — a moralidade julgará quais de suas formas e seus meios para a conquista são aceitáveis para uma consciência decente.

Uma outra reflexão sobre M será novamente instrutiva, assim espero. A ética evolucionária pode, no máximo, lidar apenas com aquilo que M reconhece existir em comum entre ela e os vietnamitas. Ela sabe que pertence à mesma espécie, mas isso não dá a ela razões para perceber profundidade naquilo que fazem e sofrem. O senso de humanidade comum da qual ela as exclui é constituído não por fatos do tipo que se encontra disponível para a investigação sociobiológica, mas pelo significado, por aquilo que significa ter e perder filhos, amar e chorar a morte de alguém profundamente.

"Não vê o que está fazendo!", diria M a alguém que ela reconhece como "uma de nós", se essa pessoa fosse superficial o bastante para tentar ter outro filho com o mesmo espírito que ela atribuiu à vietnamita, mas considera impossível para ela mesma. Mas, ao chamar essa mulher à seriedade sobre o que significa ser uma mãe que perdeu um filho, M não iria fazê-la lembrar dos fatos biológicos que ela sabe serem comuns entre ela e "suas iguais" e as vietnamitas. E ela não teria motivos para repreender a vietnamita porque, ao contrário de sua amiga branca que contingencialmente é superficial, elas (para M) são intrinsecamente incapazes de entender como é degradante ser alguém que simplesmente pode "ter mais filhos". A teoria evolutiva pode ter algo a dizer sobre o motivo de sermos criaturas que criam laços entre si de maneiras que parcialmente condicionam o tipo de individualidade que transcende as distinções que fazemos quando nos referimos a características individualizadoras das pessoas, mas, do ponto de vista de M, isso não poderia explicar por que sofremos tanto, realmente sofremos, enquanto eles apenas "sofrem". Seu entendimento sobre ela ser diferente das vietnamitas, um entendimento que depende da sua visão de que eles são incapazes de apreciar plenamente o tipo de individualidade que aprofunda seu sofrimento em relação a uma pessoa única e insubstituível, é um senso de diferença que depende do que a cultura, e não a biologia, fez daquela individualidade.

No entanto, mesmo que fosse verdade que alguém pudesse saber, apenas a partir da consideração sobre o que significa ser uma pessoa (M não tem dúvidas de que as vietnamitas são humanas e, portanto, agentes racionais), os imperativos que seriam um compromisso para todas as pessoas ou agentes racionais e que corresponderiam a imperativos a que chamamos de "moral", essa pessoa, ainda assim, não conseguiria explicar o que significa falhar (moralmente) ao tentar atendê-los. O que significa errar com alguém de uma maneira que M não acharia possível "nós" errarmos com "eles" ficará ainda, suspeito, sem resposta. Por isso, provavelmente, não é por acidente que filósofos que operam apenas com aquilo que M pode admitir nos vietnamitas constantemente apelam para expressões cujas associações na língua natural vão muito além dos recursos conceituais aceitos por suas teorias. Em lugar de falar apenas de pessoas ou agentes racionais, por exemplo, eles aproveitarão as ricas associações relacionadas a nossas maneiras de falar sobre os seres humanos e sobre nossa humanidade compartilhada. Naturalmente, imagina-se o que está realmente fazendo o trabalho conceitual. O exemplo de M nos responde.

A ênfase que coloco no campo do significado (que reconheço ser um dom cultural) me compromete com o lado do adquirido da controvérsia inato/adquirido? Não acredito. As duas partes do debate assumem que a ciência biológica iria aprofundar nosso entendimento de qualquer coisa que acertadamente atribuímos à natureza e que a teoria evolucionária iria explicar a causa biológica de muitos de nossos sentimentos e grande parte de nosso comportamento. Mas o entendimento de nossa criaturidade, conforme sugeri, deve se concentrar não nas causas biológicas de nosso comportamento, em grande parte ocultas até que a ciência as esclareça, mas na parte do corpo na própria constituição de nossos conceitos e naquilo que fizemos do corpo no mundo dos significados.

Aqui trago um exemplo que espero ser capaz de explicar o que quero dizer.

É fato familiar que crianças adotadas, às vezes, buscam descobrir quem são seus pais biológicos e falam de si mesmas como alguém em busca de sua identidade. Às vezes, uma criança abandonada pelo pai sai à sua procura pelo mesmo motivo, mesmo sabendo que a relação entre ele e sua mãe não passou de uma noite e que ele jamais se interessou pela gravidez e nem mesmo quis saber de seu bem-estar. Do ponto de vista da moral ou outras concepções de responsabilidade, é possível dizer que ele não seja um pai. Ainda assim esse título nunca é totalmente esquecido. De fato, nesse contexto, a exclamação, "Você se diz pai!", não faria sentido, a menos que ele fosse pai. E, embora já façamos distinção entre pais adotivos e de criação e pais biológicos, há uma tendência a pensar que uma pessoa possa ter dois pais, uma tendência que faz pressão para o pai adotivo ou de criação não sustentar tão fortemente seus argumentos sobre seu título de pai, mesmo que seus argumentos sejam qualificados. Surpreende-me pensar que as virtudes de um devotado "pai" de criação ou adotivo, por ser um tipo de moralização da paternidade, são mais reconhecidas quando se diz que ele, mais do que o irresponsável pai natural, é o verdadeiro pai. Suponho que fazemos isso porque, embora sejamos agredidos pela abdicação de responsabilidade por parte de um pai que teve uma noitada, para em seguida abandonar mãe e filho, nos sentimos ainda mais agredidos (ou talvez assustados) pela aparente irracionalidade de o fato de dormir com uma mulher e engravidá-la poder ser tão importante em si. Embora o pai de Édipo não tenha sido um modelo de paternidade responsável, compreendemos o horror de Édipo quando ele descobre que o destruiu:

Eu não teria sido o matador de meu pai,
Nem o esposo daquela que me deu a vida!
Mas... os deuses me abandonaram:
fui um filho maldito, e fecundei no seio que me concebeu!
Se há um mal pior que a desgraça, coube esse mal ao infeliz Édipo!

Recentemente, algumas pessoas começaram a procurar os homens que doaram o esperma com o qual suas mães haviam sido inseminadas. Em alguns casos, o fizeram pela razão prática de conhecer sua herança genética. Em outros, no entanto, buscavam encontrar o doador do esperma para entender quem eram, no mesmo espírito com o qual crianças adotadas ou abandonadas procuram por seus pais naturais. Os relatos que chegaram a mim dessas pessoas mostravam que procurar pelos doadores de esperma que haviam engravidado suas mães inclui um sentimento de confusão e páthos, como se elas soubessem que precisam de algo que jamais podem ter. Precisam encontrar seus pais, mas não conseguem pensar em um doador de esperma como um verdadeiro pai. "Você se diz pai? Você não passa de um doador de esperma!" Dessa maneira, o filho abandonado por seu pai natural poderia expressar sua dor, encontrando suporte retórico nos nossos modos cotidianos de falar e que registram nossa inclinação para negar que ser doador de esperma é ser pai.

Diante disso, parece irracional que possa importar tanto a maneira como a mãe foi inseminada. De um lado, uma mulher é inseminada a partir do ato sexual natural que dá a seu filho abandonado um pai que pode ser parte de seu senso de identidade. De outro lado, uma mulher é inseminada artificialmente, traz ao mundo uma criança, ainda que essa criança não tenha pai.

A aparência de irracionalidade é aumentada, acho eu, pelo uso da palavra "inseminação": ela é feita sob medida para tornar irrelevante essas mesmas diferenças que distinguem ficar grávida após fazer sexo com alguém de ficar grávida pela cortesia de um doador de esperma. "Ficar grávida" é uma expressão mais neutra que "ser inseminada", que é, por assim dizer, imediato a um de seus lados e corre na direção de descrições médicas e de outras descrições científicas. Do outro lado está uma expressão como "sangue do meu sangue", como deve ser usada quando a mãe gestante lamenta o fato de seu companheiro ser indiferente ao fato de que aquilo que carrega é seu sangue.

Embora suas origens sejam anteriores às conquistas científicas, "sangue do meu sangue" não é uma expressão pré-científica no sentido pejorativo em que a usaríamos mais lucidamente se nosso entendimento fosse aprofundado pela ciência da genética. Pelo contrário: quando a retiramos de sua morada natural no campo do significado para trazê-la à casa do impessoalmente fatual, a privamos quase que totalmente do poder de nos auxiliar o entendimento. Se um doador de esperma encontrasse a criança que resultou de sua doação, poderia ele dizer, "Sou seu pai. Você é meu filho, sangue do meu sangue."? Apenas, acho eu, se seus esforços para se enganar sobre o que fez contar com a ajuda de ouvidos de mercador.

Ainda assim, é difícil dizer com antecedência o que pode e o que não pode encontrar seu espaço no campo do significado. Não podemos dizer antecipadamente o que filhos, mães e doadores de esperma farão de suas relações, pois isso não depende do que tem a dizer a filosofia abstrata, a psicologia ou qualquer outra ciência. Isso tudo depende quase inteiramente de como eles podem criativamente e com integridade e lucidez falar de quem são e o que fizeram. Mas o fato de isso ser uma questão ainda não resolvida é em si uma prova de nossa dificuldade para pensar em um doador de esperma como um pai. O termo mais neutro, usado socialmente — "pai biológico" — não conseguiu, acho eu, atingir o que as pessoas esperavam. É um termo que, infelizmente, se situa entre "doador de esperma" e "pai natural". Devido à sua proximidade com "pai natural", a expressão "pai biológico" adquiriu muitas das associações criadas no campo do significado em relação à primeira, e isso tem permitido que crianças adotadas procurem o pai natural, descrevendo sua busca como a busca pelo pai biológico. Essas associações ainda não se estenderam ao "doador de esperma", e ninguém sabe se um dia se estenderão o suficiente para a expressão adquirir, ou comprometer-se com expressões que adquiriram o tipo de profundidade necessária para que ela possa ter um papel no entendimento de uma criança sobre sua identidade.

Deliberadamente não considerei o que dizer quando o doador é também o amante da mulher e cria a criança com ela. O que se diz sobre isso será, certamente, uma função do que se diz do outro caso.

No entanto, devo admitir que, mesmo que se garanta que as importantes distinções que fazemos são mais ou menos como as que coloquei, a questão sobre o motivo para elas terem sido levantadas continuarão sem resposta. Nada do que disse até aqui diminui sua aparente irracionalidade.

Sou tentado a dizer que a razão pela qual somos relutantes em chamar um doador de esperma de pai se deve ao fato de o sexo, mesmo que, às vezes, tratado casualmente, jamais é intrinsecamente casual. Mas "intrinsecamente casual" e "intrinsecamente significativo" não são expressões que aparentemente fornecem clareza. Certamente não quero dizer que o sexo deva sempre ser "profundo e significativo" ou negar que ele pode não ter outra razão além do prazer e que possa ser sentido simplesmente dessa forma por ambas as partes em um encontro de uma noite apenas. Mas há uma diferença entre uma noite de sexo aberta aos complexos e frequentemente confusos emaranhados que o sexo em sua natureza pode inesperadamente construir e uma noite de sexo que se recusa a corresponder a essas possibilidades. Ao afirmar que o sexo nunca é intrinsecamente casual, quis dizer que a condenação desta última não é uma condenação moral à luz dos padrões externos à sexualidade, mas uma condenação à luz de padrões internos a ela. Uma analogia poderá ser útil. O requisito sobre o amor parental ser incondicional não é um requisito imposto de fora para dentro, pela moralidade, por exemplo, mas um requisito que faz do amor parental o que ele é, distinguindo-o de suas falsas aparências.

A ideia de que o sexo é intrinsecamente profundo, em oposição à ideia de intrinsecamente casual e de que o transformamos em alguma coisa em algumas relações específicas é, de diversas maneiras, estranha para nós, ainda que para mim essa ideia se mostre, por exemplo, quando condenamos o estupro.

Pensamos no estupro como uma coisa terrível, de um modo apenas possível de ser avaliado ao assumirmos que a sexualidade de uma mulher pode ser algo precioso para ela. Se a sexualidade fosse apropriadamente vista em sua essência como instrumento de prazer e outras finalidades, como um instrumento capaz de, contingentemente, trazer algo mais sério em sua bagagem, ou de nos apresentar a algo mais sério (da mesma forma como o dinheiro pode nos apresentar à beleza), então seria difícil ver o motivo pelo qual o estupro não deve ser julgado como uma espécie de ataque, ou como algo que pudesse ser adequadamente caracterizado em uma variante do pensamento sobre a mulher ter direitos exclusivos sobre seu corpo. Assim, o estupro seria como o roubo de um dente de ouro, ou como um dedo cortado para se levar o anel. Considerado uma violação da autonomia, do direito de uma pessoa sobre seu corpo, ou como uma espécie de ataque, o estupro seria frequentemente menos sério que muitos assaltos. Acertadamente ninguém pensa assim.

Não chegaremos perto do que precisamos, no entanto, dizendo que o estupro é uma espécie de ataque agravado pelo trauma psicológico, já que é natural o surgimento da questão sobre o motivo pelo qual um ataque relativamente menor pudesse ocasionar tal trauma. O estupro não é terrível porque um trauma se soma à injúria física. A natureza do trauma é condicionada pelo horror distinto do estupro, pelo significado do estupro. Seja fisicamente brutal ou não, o estupro é uma violação do ser sexual feminino. Devido ao fato de não haver estupro se houver consentimento genuíno, tendemos a focar no consentimento e assim vemos o estupro, equivocadamente, como em essência uma violação particular da autonomia agravada pela injúria física.

O poder do sexo para nos fazer sentir coisas que jamais pensamos ser possível sentir e agir de maneiras jamais sonhadas (para o bem e para o mal) tem nos deixado perplexos desde que começamos a pensar sobre o assunto. A biologia tem apenas um papel coadjuvante, na minha opinião, pois o poder do sexo sobre as pessoas, sua capacidade de fazê-las enlouquecer, até mesmo de as transformar em assassinas, tanto quanto sua prazerosa sublimidade, é uma função do fato de o prazer e a loucura dependerem de uma concepção culturalmente aprofundada da singularidade dos indivíduos. Ou melhor: o poder sublime e demoníaco do sexo e essa concepção de individualidade são interdependentes.

Apenas nos últimos 20 anos, aproximadamente, pensamos que somos capazes de controlar o assustador poder do sexo com um conjunto de regras derivadas do requisito sobre o respeito à autonomia das pessoas. Mas, certamente, aquilo a que se deve responder, mesmo em uma única noite de sexo, sempre pode transcender a qualquer coisa com que se concordou de antemão, qualquer coisa que pareça "objetivamente" razoável (para um tribunal de justiça, por exemplo). É inerente à sexualidade da maneira como a conhecemos, pelo menos desde tempos homéricos, que o parceiro de alguém em uma relação também casual, aparentemente protegido por um mar de acordos sobre nada ter de ser levado a sério demais, possa perigosamente se apaixonar, ou mesmo ser tomado por um ciúme obsessivo. Nesse caso, essa pessoa é responsável, apesar de toda a renúncia anterior.

O desejo por sexo sem o risco de envolvimento, por um contrato que aniquile toda a responsabilidade, é o que as pessoas geralmente procuram numa prostituta. Mesmo nesse caso, trata-se de uma ilusão, mas a disposição da prostituta e de seu cliente de participar de tal ilusão é uma das razões pelas quais a prostituição tem sido vista como intrinsecamente degradante para a prostituta e mais ainda para seu cliente. Por isso, a prostituição funciona tão bem como metáfora para a degradação de outras coisas de valor intrínseco — a degradação, por exemplo, de nossa necessidade de verdade por diletantismo intelectual. A responsabilidade a que tento dar expressão é mais profunda que a responsabilidade social e mais profunda até que a responsabilidade moral. Cora Diamond disse que nossas práticas de respeito aos mortos e de dar nomes em lugar de números para nossos filhos não são práticas morais tanto quanto as práticas que são a origem da moralidade. O mesmo vale, acho eu, para a responsabilidade para com a nossa confusão emocional e espiritual — ao mesmo tempo maravilhosa e, às vezes, realmente assustadora — que pode evolver das mais casuais relações sexuais.

A necessidade que seres humanos sentem em relação a outros seres humanos, muitas vezes incomensurável, parcialmente constitui e expressa a individualidade que demonstramos quando dizemos que seres humanos são únicos e insubstituíveis. Talvez, em nenhum outro caso, a necessidade e a individualidade com a qual ela tem relação de interdependência se mostrem tão fortemente e, às vezes, tão dramaticamente como nas relações sexuais. Um filósofo, D.A. Richards, disse que devemos amar as pessoas apenas "com base nos traços de personalidade e do caráter relativo à ação de princípios morais". Mesmo que nossa concepção de individualidade, baseada no afeto, às vezes entre em conflito com a moralidade, ela é o que de melhor há na moralidade, e iríamos miná-la severamente se seguíssemos o conselho de Richards. Mais obviamente ainda iríamos minar o amor incondicional de pais por seus filhos, e suponho que nem mesmo Richards acreditaria ser isso uma perspectiva edificante. A ingenuidade de sua observação ficará, assim espero, evidente, mas há, na minha opinião, uma ingenuidade moralizante e uma pequenez de espírito similar na crença de que uma pessoa pode legitimamente se proteger por meio de arranjos quase contratuais de riscos humanos imprevisíveis e inseparáveis de toda e qualquer relação sexual.

Haja vista que mesmo a mais casual das relações sexuais faz com que seus participantes venham a responder a suas necessidades mútuas e a suas (frequentemente calamitosas) consequências, e uma vez que a afeição necessária e nossa responsabilidade para com ela têm um papel profundo em nosso senso sobre os seres humanos serem únicos e preciosos, a localização de nossas origens no ato sexual pode ser profunda a ponto de se mostrar fundamental para nosso entendimento sobre quem somos. A conexão entre sexo e identidade é uma função da capacidade do sexo de ser profundo, o que, por sua vez, é uma função da maneira como ele nos envolve mutuamente. As pessoas pensam em si mesmas como heterossexuais e homossexuais, mas ninguém pensa em si mesmo da mesma maneira como masturbador. Ser um masturbador não é uma forma possível de identidade sexual.

Não seria assim, suponho, se não fosse pelos detalhes físicos da sexualidade. Não seria assim se as mulheres rotineiramente engravidassem sem a participação do homem e se rotineiramente essa participação não suscitasse nenhum prazer ou nenhuma afeição. Não seria assim, suponho, se não fosse pelos detalhes carnais da atração e da excitação, se nossos corpos não fossem agradáveis ao toque, convidando carícias, se não desejássemos outros seres humanos em busca de calor e conforto, e se não tivéssemos rostos para encarar ou evitar.

Importa também que uma criança possa ser amada antes de nascer e que o amor seja possível — mediado — pelo prazer que a mãe (e outras pessoas) possam sentir com as mudanças em seu corpo, mudanças que nos parecem ser belas. Na percepção dessa beleza, o amor se faz concreto e encontra sua mais terna expressão. Duvido que um feto em desenvolvimento, dentro de um pote de vidro sobre o console, pudesse ser um objeto de ternura, embora pudesse certamente ser foco de atenção. De fato, é a celebração em nossa arte de um amor mediado pelas mudanças no corpo da mulher que deu sentido à expressão "carregar um filho no ventre". Essa frase — do mesmo modo que "sangue do meu sangue" — é uma expressão na língua do amor e é mal compreendida quando se transforma no foco de teorizações filosóficas, teológicas ou científicas contendedoras sobre as propriedades "objetivas" do feto. Este é algo que pode ser amado, amor elucidado pela língua que mostra não apenas os falsos semblantes do amor, mas também outras respostas, como o ressentimento, por exemplo. É impressionante como tantas pessoas acham que isso é menos importante do que saber se o feto é ou não é um ser racional.

Devolver o corpo ao campo do significado, resgatá-lo da natureza impenetrável da terminologia quase médica que envolve o sexo por razões médicas, políticas e moralistas tem sido uma preocupação urgente de algumas feministas da atualidade. É interessante que a reivindicação das feministas por uma língua que resgate a sexualidade feminina de diversas zonas sem significado não pode ser prescritiva da mesma maneira como foram os esforços para estabelecer uma língua de gênero neutro. Um comitê inglês pode (a princípio) prescrever o uso geral de "chairperson" em lugar de "chairman", mas nenhum comitê pode prescrever o uso de "xota" como alternativa ao uso de "vagina", ou de "foda" como alternativa para "intercurso sexual", não porque seria moralmente impróprio, mas porque qualquer alternativa para "vagina" e "intercurso sexual" precisam encontrar seu espaço em nossa língua viva. Algumas pessoas fazem objeção a "palavras proibidas" por considerarem que são uma ofensa à modéstia. A modéstia concebida como uma virtude tem sido fundamental para a maioria das formas de oposição ao argumento de que o sexo é intrinsecamente casual. Mas a modéstia deve defender-se no campo do significado em lugar de medrosamente recuar para uma terminologia quase médica. Quando serve ao contato com a língua do amor, a modéstia parece infantil.

Através de um tipo de naturalismo de superfícies aprofundadas pela literatura exploramos nossa natureza criatural. Tornamos as superfícies profundas. É na apreciação imaginativa das similaridades superficiais entre os corpos de mulheres grávidas e de fêmeas de animais prenhas, e nas similaridades superficiais de seus comportamentos, mais do que na investigação das causas biológicas para o comportamento materno, que descobrimos nossa natureza criatural comum. Quando observamos mais de perto o nosso comportamento e o comportamento dos animais, no entanto, também vemos importantes diferenças reveladas pelo fato de nosso comportamento, e não o comportamento de animais, ser frequentemente determinado pela reflexão sobre seus significados.

Uma mãe humana negligente com seus filhos pode se sentir envergonhada diante da visão de uma gata cuidando devotadamente de seus filhotes, mas a reflexão sobre a base biológica do comportamento da gata e do comportamento da mãe humana não vai levá-la a um entendimento maior de seu fracasso como mãe. A ferocidade com a qual as minhas gatas atacaram Jedda com o objetivo de proteger a única gatinha que restara das três ninhadas, e as causas para tal em sua história evolucionária têm pouco a dizer sobre os requisitos necessários às mães para que cuidem bem de seus filhos. O que nos dirá o conhecimento sobre essa história evolucionária acerca dos requisitos para amarmos nossos filhos incondicionalmente? O conceito de amor incondicional não tem qualquer aplicação para animais, não importa a devoção com que cuidam de seus filhotes ou a ferocidade com a qual buscam protegê-los, pondo em risco a própria vida. Podemos amar incondicionalmente apenas porque podemos impor — consciente ou inconscientemente — condições para nosso amor e responder ao fato de que fazemos isso. Podemos fazer essa imposição inconscientemente se, por exemplo, rejeitamos uma criança por ela ser uma menina, ou conscientemente porque a criança não atende a nossas expectativas, especialmente as expectativas morais. Quando refletimos sobre o que devemos relevar para realmente nos tornarmos pais, percebemos que esses requisitos são parte do que significa ser pai ou ser mãe. É assim sempre que somos convocados a alcançar os padrões que distinguem o real do falso em certas virtudes ou respostas afetivas — amor, coragem, pesar, carinho, e assim por diante. Mesmo em nossa criaturidade, portanto, encontramos tanto o que temos em comum com os animais como o que deles nos distingue.

Seres Humanos e Animais

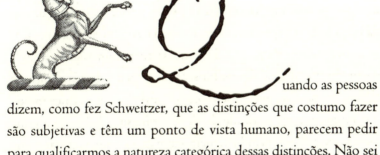

Quando as pessoas dizem, como fez Schweitzer, que as distinções que costumo fazer são subjetivas e têm um ponto de vista humano, parecem pedir para qualificarmos a natureza categórica dessas distinções. Não sei ao certo, no entanto, o que deveria fazer com essa qualificação. Apresso-me em esclarecer que aquilo que chamei de campo do significado, onde acredito estar inserido nosso pensamento ético, não existe na natureza das coisas, no "tecido do universo", como descreveu um filósofo o lugar onde os valores devem habitar se forem genuinamente objetivos. O campo do significado é de origem humana; na verdade, um presente da cultura a que não costumamos dar muita atenção, às vezes rejeitado ou desprezado. Nada nesse mundo nos obriga a valorizá-lo. Nada na razão ou na ciência o certifica. No entanto, um mal uso do significado natural dos termos seria dizer que, afinal, tudo isso é um artefato, uma invenção.

O reconhecimento do mundo do significado como um presente da cultura não diminui minha certeza de que o assassinato de um ser humano é mais terrível que o abate de um animal. Já ouvi pessoas dizendo que comer carne é um assassinato, mas jamais encontrei alguém que pareça realmente acreditar disso. Ninguém que eu conheça ou de que tenha ouvido falar trata as pessoas que comem carne como se fossem assassinos ou cúmplices de assassinatos. A maioria dos vegetarianos que conheço não é pacifista. Mas, se seres humanos fossem mortos com a mesma frequência com que se matam animais, eles seriam capazes de pegar em armas e lutar contra os autores desses assassinatos e dos governos que os aceitam. Mesmo assim, essas pessoas não se levantam da mesa toda vez que uma carne é servida. Algumas dessas pessoas se convenceram da necessidade de se tornarem vegetarianas a partir do que dizem alguns filósofos a respeito de a matança de alguns animais ser pior que o assassinato de uma criança, ainda que ninguém reaja à atitude de alguém que sirva bebês da mesma forma que reagem quando alguém serve carne animal, mesmo que esses bebês tenham morrido de forma natural.

Não falo assim para debochar de vegetarianos e não tenho a intenção de usar nada do que disse para apresentar meu argumento contra o vegetarianismo, numa discussão que, afinal, não tenho a intenção de iniciar. Digo isso com o espírito de insistir na sobriedade em uma discussão sobre ser ou não arrogância dizer que seres humanos são especiais de uma maneira que nenhuma outra criatura pode ser. Sei que existem pessoas que já ameaçaram a vida daqueles que trabalham com animais em laboratórios, mas ninguém jamais conclamou o povo a pegar em armas como o faria se descobríssemos que seres humanos estão sendo tratados da mesma maneira que vivisseccionistas tratam animais.

É verdade que meu apelo à sobriedade se baseia em nossos comportamentos e reações, mas será que alguém pode seriamente desejar que nossa atitude seja outra? Será que alguém pode dizer que sim, que ela foi de tal modo condicionada, corrompida, por preconceitos contemporâneos a ponto de não conseguirmos agir como alguém que realmente acredita que comer carne é assassinato? Acho que não. Acreditar seriamente que as pessoas são condicionadas para reagir de uma certa maneira é também esperar que seja possível se afastar dessas reações condicionadas para analisá-las. Nesse caso, significa pensar seriamente que talvez devamos reagir de maneira apropriada à crença de que vivemos entre assassinos e cúmplices de assassinatos em massa.

"Por um cachorro?" Perguntei ao refletir sobre quanto eu estaria disposto a gastar em consultas veterinárias e tratamentos, e admiti que não sabia, mas que estava certo de que não privaria as crianças de qualquer tratamento médico que precisassem. As pessoas podem discutir sobre onde colocar um limite numa situação como essa, mas não conheço ninguém cujo cachorro pudesse ser tratado da mesma forma que um filho com uma doença grave. Se conhecesse alguém assim, não o veria como um pioneiro do pensamento ético, mas como alguém cujo sentimentalismo se tornou uma doença. Assim, seja qual for o motivo para se dizer que nossas atitudes com insetos e outros animais são homocêntricas, ou subjetivas, ele não deve justificar a carga que apenas a arrogância ou a desatenção poderia levar aos tipos de julgamento que, acredito, costumamos fazer e que jamais desejaríamos não fazer.

Estamos, então, no centro do universo? Não há uma resposta direta. Acreditamos ser especiais como nada mais na natureza, e a moral do meu convite à sobriedade se deve à falta de motivo para qualificarmos essa crença com um vazio "do nosso ponto de vista humano". Por outro lado, há coisas lindas como o amor desinteressado pela natureza, mesmo a natureza inanimada, e esse amor pode limitar nossa vontade de um modo semelhante ao que se tem em mente quando se fala de direitos. Eu acho bobagem falar do direito das árvores ou mesmo das aranhas, mas isso, em parte, se deve ao fato de eu achar equivocado falar de direitos de seres humanos.

Dizer que uma atitude é injusta porque viola os direitos de uma pessoa em nada acrescenta, acho eu, à afirmação de que ela é "injusta", nem por meio de uma explicação sobre a razão para ela ser vista como injusta, nem por torná-la mais objetivamente ou mais rigidamente ligada ao poder de escolha. Certamente, isso tudo é controverso, e eu não gostaria nem de começar aqui uma defesa do que acabei de dizer. Apenas espero com isso atenuar qualquer ofensa causada por minha afirmação de que é uma bobagem atribuir direitos às arvores e é equivocado atribuí-los a animais. (Para algumas pessoas, é claro, isso apenas aumentará a ofensa.)

Tenho tentado mostrar como um entendimento do que significa trair alguém, ou ser cruel com alguém, ou destruir um animal, mesmo um inseto, ou uma planta, pode gerar necessidades ou impossibilidades para o arbítrio, tipicamente diferentes das necessidades da força, inclusive a força psicológica. A elaboração que revela o que significa ser cruel com um ser humano ou com um animal, e cuja observação torna algumas ações impossíveis e outras necessárias, não precisa, na minha opinião, mencionar direitos. E, embora mais uma vez isso possa parecer ofensivo, o meu argumento de que, no fundo de nossa ética, há um conceito de individualidade infundado, formado a partir de nossos laços afetivos, sem justificativa na razão ou no mérito, mergulhado no amor e feito para parecer mais tratável em uma linguagem de direitos e obrigações — tal argumento pode convencer outras pessoas de que não pretendo diminuir o mundo natural quando falo da mesma maneira sobre ele. O afeto por animais e o amor desinteressado pela natureza estão no cerne de qualquer coisa que pareça uma obrigação, seja para com um, seja para com o outro.

Falar de direitos em assuntos humanos tem historicamente duas funções. A primeira, que acabo de mencionar, é teórica — explica por que certos erros são erros e (frequentemente) procura fundamentá-los objetivamente. A segunda é moral. Constitui uma das mais nobres ficções em nosso pensamento moral. As pessoas de bom coração acham intolerável que o tratamento justo para os fracos precise da generosidade — da caridade, no sentido desusado da palavra — dos poderosos. Pelo menos desde 1789, a não aceitação disso levou à retórica de direitos humanos em um nobre esforço para garantir dignidade aos fracos, criando a impressão de que direitos são uma espécie de campo de força moral, uma barreira metafísica à indignidade de ser impiedosamente esmagado. "Não preciso de sua caridade. Não preciso de sua justiça. Apoio-me em meus direitos e exijo que eles sejam reconhecidos." Era esse o espírito de 1789.

Não passa de ilusão. A menos que um apelo aos direitos tenha força para sustentá-lo, uma análise da injustiça contra que se protesta depende inteiramente de um espírito de justiça naqueles a quem apelamos. Essa análise não precisa — e acho que não deve — incluir o conceito de direitos humanos.

Em seu belo ensaio, "Human Personality", Simone Weil escreveu:

> Se você diz a alguém que tenha ouvidos para escutar: "O que você está fazendo comigo não é justo", é possível que você toque e desperte o espírito de atenção e amor em sua origem. Mas o mesmo não acontece para palavras como "Eu tenho o direito..." ou "Você não tem o direito..." Elas evocam uma guerra latente e despertam o espírito de contenda...
>
> Se alguém tenta intimidar um fazendeiro para que ele venda ovos a um preço moderado, o fazendeiro pode dizer: "Eu tenho o direito de não vender os ovos, se não conseguir um bom preço." Mas, quando uma jovem é coagida a entrar num bordel, ela não fala de seus direitos. Em tal situação, essa palavra pareceria ridiculamente inadequada.

Ninguém jamais escreveu tão lindamente e de maneira tão determinada sobre justiça, pois acredito que ninguém jamais foi tão obstinado sobre a aflição e a maneira como toda a humanidade naqueles que sofrem de suas formas mais cruéis e degradantes se torna invisível para outros seres humanos. Em "Forms of the Implicit Love of God", ela escreve:

> A virtude sobrenatural da justiça consiste em comportar-se exatamente como se houvesse equidade quando se é o mais forte em um relacionamento desigual. Digo exatamente em

todos os aspectos, inclusive os mais sutis detalhes, como o modo de falar e a atitude, pois um detalhe pode ser o suficiente para colocar a parte mais fraca em uma condição de matéria que nessa ocasião naturalmente lhe pertence, da mesma forma como o menor choque pode fazer com que a água que se manteve líquida a uma temperatura abaixo do ponto de congelamento se solidifique.

Se o espírito de renúncia expresso nessas linhas sutis se estendessem a nossas relações com os animais e a natureza, seria necessário um conceito de direitos para estabelecer limites para a arrogância humana?

Quando eu era pequeno e morava no campo, meus amigos costumavam caçar coelhos para vender numa cidade próxima. Envergonhado por não participar, um dia peguei o rifle de meu pai e saí em direção a uma colina próxima para conseguir alguns coelhos para o jantar e para Orloff. Abaixo reproduzo a maneira como contei essa história em *Romulus, My Father*.

Cheguei à colina no meio da tarde. Pela primeira vez na minha vida, eu estava realmente atento à beleza, recebia um tipo de choque de beleza. Eu absorvera a atitude de meu pai em relação ao campo, em especial suas árvores mirradas, pois ele falava muito das lindas árvores da Europa. Mas agora, para mim, a chave para a beleza das árvores nativas está na luz que tão perfeitamente as delineia contra o céu azul escuro. De posse dessa chave, minha percepção dessa paisagem mudou

229

radicalmente, como acontece quando se vê a velha no desenho ambíguo com as imagens da velha e da moça. As árvores mirradas e as folhas esparsas se tornaram o foco do meu sentido de sua beleza e tudo mais ficou em seu devido lugar — o relevo primitivo, as estradas não pavimentadas com sua superfície assumindo cores do branco ao amarelo e do amarelo ao marrom, como tivessem sido varridas de um jeito a combinar com a grama alta e colorida do verão. Parecia haver uma beleza especial, disfarçada, esperando que eu ficasse pronto para ela; não era uma forma inferior e primitiva para qual eu devia fazer concessões, mas sutil e refinada. É como se Deus tivesse me levado aos fundos de sua oficina para me mostrar algo realmente especial. Naquele momento, tornou-se inconcebível para mim atirar em um coelho.

A impossibilidade que expressei quando disse que era inconcebível atirar em um coelho não era uma impossibilidade psicológica. Às vezes, dizemos que não podemos fazer certas coisas com a intenção de dizer não conseguimos, por mais que tentemos. Nesse caso, se alguém nos dissesse para tentar, poderíamos dizer que não valeria a pena, mas não diríamos ser essa uma sugestão irrazoável, que confunde o que realmente queremos dizer quando afirmamos que é impossível para nós fazer o que está em questão. Alguém pode dizer, por exemplo, que, embora não tenha nenhuma objeção à matança de galinhas, não consegue matar galinhas porque passa mal todas as vezes em que tenta fazer isso. Para essa pessoa pode-se dizer, "Não é tão difícil, se você fecha os olhos", ou, "Fica mais fácil, se você corta a cabeça em vez de torcer o pescoço". O mesmo também é verdade para alguém que se voluntaria para o serviço militar em uma guerra justa e necessária, mas acha que não consegue matar um ser humano, mesmo que pense ser esse seu dever.

Às vezes, no entanto, quando dizemos que não podemos fazer algo, rejeitamos a sugestão de que talvez consigamos, se tentarmos, como se mostrasse um entendimento errado do que dissemos. Assim eu responderia se houvesse alguém comigo naquela colina e dissesse que eu fui até lá para caçar coelhos, e embora esse alguém pudesse entender que minha experiência tenha trazido profundas emoções, eu deveria tentar fazer aquilo a que me propusera.

"Aqui estou. Não posso agir de outra forma", disse Lutero na mais famosa expressão de impossibilidade moral. Não me sinto, no entanto, inclinado a dizer que minha percepção sobre não poder, naquela tarde, matar um coelho era uma percepção de que aquilo então era moralmente impossível para mim. Não se tratava de achar que outras pessoas não deviam matar coelhos, nem que se elas entendessem o que estavam fazendo, não conseguiriam também. Nem mesmo sugeria que eu seria incapaz de matar um coelho no dia seguinte. Mas deixava implícito que, se eu realmente saísse para caçar coelhos no dia seguinte, eu não seria capaz de atirar com o mesmo espírito de antes da minha experiência na colina.

Algum cabeça-dura poderia dizer que não faz a menor diferença para o coelho, se você reza três ave-marias antes de atirar ou se você o mata com um prazer sádico. Essa mesma pessoa também poderia se surpreender ao saber que meu pai dizia ter se importado mais por ter matado o bezerro sem condescendência do que com o fato de tê-lo matado simplesmente.

Em *A Common Humanity*, afirmo que nenhum ser humano, não importa se suas atitudes e seu caráter são abomináveis, pode ser morto com o espírito de livrar o mundo dos vermes. Achei que isso fosse uma expressão de valor absoluto. Um de meus alunos respondeu que talvez nem mesmo os "vermes" devessem ser mortos com o espírito de livrar o mundo de um mal. Talvez ele estivesse certo. Estava certo em levantar a questão: não seria errado matar qualquer coisa com esse espírito de desprezo? Penso que a razão não é capaz de nos responder. Há homens santos na Índia e em outros lugares que reagem ao mundo como se nada merecesse o desprezo. Têm uma justificativa metafísica para isso, alguém pode argumentar, e a justificativa metafísica pode ser alcançada pela razão. Talvez não tenham as razões, e mesmo que as tivessem, suponho que não seriam capazes de explicar totalmente seus comportamentos, não seriam capazes de explicar-lhes os princípios. Mas se alguém me dissesse que Pablo Casals agiu dessa maneira, eu não hesitaria em acreditar. O trecho que citei seria o suficiente para eu acreditar. E não me preocuparia em buscar outras explicações.

Em seu ensaio "Looking Back at the Spanish War", George Orwell conta uma história sobre o momento em que estava nas trincheiras e viu um soldado inimigo passando ao longo do parapeito, não muito distante dele. Fez mira, e estava prestes a atirar, quando percebeu que o homem tinha a calça na mão. "Vim até aqui para matar 'fascistas'," disse Orwell, "mas um homem com a calça na mão não é um 'fascista', é visivelmente um irmão, um semelhante, e você simplesmente não tem vontade de atirar."

Orwell não quis dizer que não conseguiu atirar no homem. Disse apenas "você simplesmente não tem vontade de atirar". Mas isso é, na minha opinião, uma mensagem oculta, motivada talvez por sua sensibilidade à crença comum de que, se a pessoa não acha que moralmente não deve atirar em um homem que tem a calça na mão, então o sentimento de incapacidade deve ser a expressão de uma incapacidade psicológica. É verdade que Orwell não citou qualquer princípio generalizado sobre atirar em homens que estão com a calça na mão. Amanhã, de fato, ele poderia atirar nesse mesmo homem. Mas estaria incorreto dizer que, embora a reação de Orwell seja compreensível — e mesmo reconfortante —, era uma resposta psicológica e não uma resposta moral.

Orwell também poderia ter dito que ele não pôde atirar no homem com a calça na mão, poderia ter rejeitado qualquer sugestão para tentar, por considerá-la erro ingênuo de interpretação daquilo que quis dizer. Sua reação tinha uma interdependência com sua visão daquele soldado fascista como um ser humano igual a ele — um semelhante, com todas as ressonâncias morais da expressão. Essa percepção fez com que fosse impossível para Orwell atirar naquele momento, assim como a minha percepção da beleza da natureza fez com que se tornasse impossível para mim caçar coelhos naquela tarde. Mas, se Orwell tivesse de se manter fiel à sua percepção do soldado como um semelhante, então o espírito com o qual serviria como soldado seria outro. Isso obviamente se mostraria em sua conduta, mas de que maneira exatamente não se pode determinar, pelo fato de ele ter achado impossível, naquela ocasião, atirar em um homem com a calça na mão.

Algumas pessoas — um número cada vez maior de jovens, acho eu — se tornam vegetarianas porque acham que não podem comer carne. A princípio, pode ser que não comam carne por uma razão prática — talvez estejam em um lugar onde a carne é muito cara ou onde a comida não é boa — e gradualmente começam a achar repulsivo até mesmo o ato de pensar em comer carne. Seria errado dizer desses vegetarianos que eles apenas se tornaram muito suscetíveis, se isso significasse que sua repulsa não é uma repulsa moral. Se pedirmos para que comam carne porque, por exemplo, isso facilitaria a vida da pessoa que cozinha para a família, ou porque achamos que eles não comem proteína o suficiente para suprir a falta de carne na dieta, eles podem dizer que sua repugnância não é desse tipo. Mas, como é provável que sejam capazes de identificar a base moral do vegetarianismo com decisões de princípio, podem hesitar na hora de dizer que se baseiam em repugnância moral. E se, literalmente, não puderem comer carne porque a simples ideia os faz sentir náuseas, então podem ser levados a acreditar que não podem comer carne apenas devido a um simples impulso de uma "mera" repulsa psicológica. Seria, como foi no caso de Orwell, uma pena, pois a impossibilidade que expressam tem relação de interdependência com uma percepção sobre o que significa comer um animal. Se um desses vegetarianos tivesse o dom, ele poderia encontrar uma expressão poética para esse significado.

A clara distinção entre o moral e o psicológico, e a tendência de pensar que expressões de impossibilidade moral são, na verdade, formas confusas de expressar um senso de obrigação, são aspectos daquilo que chamei de negligência semântica. Mas a interdependência entre modalidades de possibilidade e necessidade, e a compreensão do significado de algo vai além do que naturalmente se chama moralidade. M disse que simplesmente não podia ter mais filhos da forma como ela achava que as vietnamitas faziam. Seu entendimento de que aquilo era impossível para ela era inseparável de seu entendimento sobre o que significa ter um filho e de seu entendimento sobre o que a distingue de mulheres vietnamitas. No entanto, a impossibilidade que ela expressa não é uma impossibilidade moral. Do mesmo modo, não era moral minha impossibilidade de matar coelhos naquela tarde nem a impossibilidade de Orwell de matar aquele soldado fascista com a calça na mão. Como a impossibilidade de entregar nossos mortos à coleta do lixo ou de rotineiramente dar números em lugar de nomes a nossos filhos, essas são impossibilidades que estruturam e são estruturadas por aquela parte do campo do significado na qual a moralidade se insere.

Em *The Lives of Animals*, de Coetzee, Elizabeth Costello imagina um mundo em que entendemos plenamente o sofrimento e a indignidade que infligimos aos animais. No final, ela parece estar à beira da loucura, mas não se sabe se isso é a causa ou a consequência de seu entendimento sobre os males de que somos todos cúmplices.

As duas coisas, acho eu. Ela compara a matança de animais e nossa indiferença a ela ao holocausto e à indiferença das pessoas naquela ocasião:

> Retorno mais uma vez aos locais de morte à nossa volta, os locais de matança aos quais, num grande esforço conjunto, fechamos nossos corações. A cada dia um novo holocausto; mesmo assim, até onde consigo enxergar, nosso ser moral continua intocado. Não nos sentimos maculados. Podemos fazer qualquer coisa, parece, e sairmos limpos de tudo.
>
> Apontamos os alemães, poloneses e ucranianos que sabiam e que não sabiam das atrocidades ao seu redor. Gostamos de pensar que eles ficaram internamente marcados pelos efeitos daquela forma especial de ignorância. Gostamos de imaginar que, em seus pesadelos, aqueles cujos sofrimentos eles haviam se recusado a ver voltariam para assombrá-los. Gostamos de imaginar que eles acordariam arrasados pela manhã e morreriam de tumores cancerosos dolorosos. Mas, provavelmente,

as coisas não acontecem assim. As evidências apontam na direção contrária: podemos fazer qualquer coisa e sair impunes; não há punição.

No fim do livro, ela diz a seu filho, com lágrimas nos olhos:

É que eu já não sei mais onde estou. Pareço circular calmamente entre as pessoas e ter relações perfeitamente normais com elas. Será possível, eu me pergunto, que todas elas sejam participantes de um crime de proporções assombrosas? Estaria eu fantasiando tudo isso? Devo estar louca! Mas todos os dias percebo as evidências. Essas pessoas mesmo produzem as evidências, as exibem e as oferecem a mim. Corpos. Pedaços de corpos que compraram com dinheiro.

É como se eu fosse visitar amigos e fizesse alguma observação gentil sobre a luminária da sala de estar, e eles dissessem, "Sim, é bonita, não é? É feita de pele de judeu polonês; achamos que essa é a melhor, pele de jovens judias polonesas virgens." E, em seguida vou ao banheiro, e o papel que embrulha o sabonete diz, "Treblinka — 100 % estearato humano". Estou sonhando, pergunto a mim mesma? Que tipo de casa é essa?

Mas não é um sonho. Olho em seus olhos, nos olhos de Norma e nos olhos das crianças, e vejo apenas ternura, ternura humana. Acalme-se, digo a mim mesma, você está fazendo tempestade em copo d'água. Isso é a vida. Todas as outras pessoas se acertam com ela. E você, por que não consegue? *Por que não consegue?*

Os motivos que levaram os Aliados a guerrearem contra os alemães eram complexos, mas muitas pessoas acreditam que o

Holocausto em si já seria uma boa razão. Mas, como já disse, ninguém reage, e acho que ninguém pode seriamente reagir, ao abate de animais, como se ele justificasse a luta armada contra fazendeiros, açougueiros e pessoas que trabalham em abatedouros. Isso não pode ser irrelevante para nosso entendimento do caráter moral de nossa indiferença à matança de animais. Também deve fundamentar o caráter moral de quaisquer outras analogias que fiquemos tentados a fazer entre o Holocausto e o tratamento que damos aos animais. Algumas pessoas disseram que o Holocausto e o modo como matamos animais atualmente são exemplos da "industrialização da morte", como se as diferenças radicais entre Auschwitz e um abatedouro moderno não privasse a comparação de emitir luz própria.

Será que posso dizer isso depois de ter citado uma passagem tão forte? A força da passagem está em sua retórica, mais do que em sua clareza moral. Ou, pelo menos, quando dou um passo atrás para analisar criticamente seu poder inegável, não vejo nada que me faça reavaliar meu argumento de que eu não posso, e sei que ninguém pode, reagir à matança de animais como se ela fosse assassinato em massa. A analogia de Costello é, na minha opinião, ingênua e também ofensiva, mas não devido a uma característica do Holocausto. Algumas pessoas já argumentaram que o Holocausto é único e cheio de mistérios. Sobre isso não vou fazer qualquer comentário. Mas a comparação entre Auschwitz e um abatedouro não é ofensiva por causa de qualquer coisa que possa distinguir Auschiwitz de um campo de Gulag ou de um outro evento de assassinato em massa. É ofensivo porque não reagimos, e não podemos reagir ao que acontece em abatedouros, da mesma forma que reagimos a assassinatos. Invocar o mal característico do

Holocausto como motivo para se ofender com o que Costello disse é tão equivocado e talvez tão ofensivo quanto o que ela disse.

Não há necessidade de alguém se sentir suscetível a essas comparações extravagantes para reconhecer plenamente que nossa crueldade com animais é abominável e esperar que as gerações futuras pensem assim também. Espera-se que eles sejam incrédulos de que fomos tão cruéis e que as práticas que são agora normais e ordinárias serão um dia consideradas crimes. Uma vez claras e firmes as qualificações que se seguem à minha crítica à comparação de Costello de nossas práticas com o Holocausto, não há nada de absurdo em seu medo de que seremos julgados por sermos "participantes de um crime de proporções assombrosas". Isso significa que pessoas como meu pai sofriam de deficiência moral em sua relação com os animais porque foram capazes de abatê-los para comer?

Durante o pior período de seca na década de 1980, meu pai tinha cerca de 30 cabras. Adquiriu-as porque sentiu pena de uma cabra de perna quebrada que vira na feira. Ele a comprou apenas para que pudesse cuidar de sua lesão, mas, quando a perna da cabra sarou, ele achou que ela precisava de companhia e então arrumou-lhe um parceiro. A partir desses dois primeiros, ele chegou às 30 cabeças, e elas não lhe deram nada em troca senão trabalho e tristeza.

A seca foi um tempo arrasador para qualquer um que vivesse numa fazenda. Rebanhos de bois e carneiros foram mortos aos milhares e enterrados em covas coletivas porque não havia mais comida para eles. O preço da carne caiu tanto que um contêiner cheio de animais não pagava o serviço do motorista. Quando acabou a ração das cabras, meu pai passou a cortar capim na beira da estrada, mês após mês. Àquele tempo, ele já havia passado dos 60, e todo esse trabalho representava muito esforço para ele. Os fazendeiros da região que o viam trabalhar e conheciam os resultados — 15 quilômetros de grama cortada ao longo da estrada, de Maryborough a Castlemaine — ficaram surpresos em saber que ele trabalhava tanto, pondo em risco sua saúde, por amor aos animais, especialmente quando souberam que ele não tinha lucro algum com eles. Um desses fazendeiros disse a mim, "Eu trabalho muito, pego no pesado. Mas nada que se compare a isso". Um dia, enquanto cortava grama, meu pai caiu com dores no peito e no braço direito.

De vez em quando, meu pai matava uma cabra para o jantar, mas, de um modo geral, as abatia para alimentar os cachorros. Ele tinha pouco dinheiro para comprar carne, pois ele e a mulher viviam de pensões, e boa parte delas ia para o pagamento de veterinários. Quando Eva, minha filha, soube que, às vezes, ele matava suas cabras, ficou perturbada. Sempre interessada em animais, ela gostava de visitar meu pai porque quase sempre podia ver pintinhos e patinhos, bezerros e cabritos. Às vezes, encontrava um bichinho abrigado na cozinha, doente e precisando se aquecer. "Como ele teve coragem?", perguntou ela. E realmente queria dizer com isso, "Logo ele, que gosta tanto de animais". Perguntei se ela conhecia alguém que fosse mais amável com os animais do que o avô. "Não", respondeu.

Minha intenção não era sugerir que nossa conversa pudesse responder a ela se era certo matar animais para comer. Mas esperava que ela aprendesse algo sobre o que poderia significar matá-los. Ela queria saber como o avô podia ser tão amável com os animais e ainda assim ter coragem de matá-los, de matar os mesmos animais para quem ele trabalhara tanto e pelos quais arriscara sua saúde. A primeira resposta que lhe ocorreu foi pensar que talvez o fato de ele matar animais mostrasse que ele se importava menos com eles do que ela achava. Minha pergunta fez com que ela percebesse que sua capacidade de matar animais não precisava demonstrar uma falha em seu amor por eles.

Instintivamente, Eva sabia que não podia simplesmente dizer que, se meu pai matava animais, então, por definição, ele não tinha verdadeira compaixão por eles. Como, afinal, é possível aprender sobre compaixão, sobre sua profundidade e seus limites, senão pela reflexão sobre exemplos creditáveis? Como meu pai vivia em verdadeira unidade com o mundo natural, tão penalizado com o mal que os humanos lhe infligiam, seu exemplo tinha crédito para Eva. Mas, para seu exemplo ser totalmente creditável, sua compaixão deveria ter uma visão clara do que significa matar um animal.

Há pessoas maravilhosas, pessoas cuja compaixão por animais é tão profunda quanto a de meu pai, que acham moralmente impossível matar um animal, ou que têm relação de interdependência com seu entendimento do que significa matar um animal para comer. Esse exemplo, na minha opinião, não diz respeito a meu pai. Ninguém que eu tenha conhecido tinha mais admiração do que ele pela generosidade com que animais se dão aos humanos e ninguém mais era tão grato pela beleza que trazem a nossas vidas. Às vezes, achamos algo moralmente impossível, mas não pense que as pessoas que acham essa mesma coisa possível estão erradas, postos de lado com sua deficiência moral. Mesmo exemplos de pura autoridade podem atingir de modos diferentes as pessoas. Mas sobre esse assunto só posso falar do ponto de vista pessoal.